D1666038

Joe Bodemann

Jerry und Joe

Joe Bodemann

Jerry
und Joe
Vom
Findelhund
zum
Fernsehliebling

In Zusammenarbeit
mit Helga Hutterer

HERBIG

© 1986 by F. A. Herbig Verlagsbuchhandlung
München · Berlin
Alle Rechte vorbehalten.
Umschlaggestaltung: Christel Aumann, München
unter Verwendung eines Fotos von
Wolfram Jürgen Mehl, Hamburg
Die Fotos auf der Rückseite des Schutzumschlags
stammen ebenfalls von Wolfram Jürgen Mehl
Satz: Fotosatz Service Weihrauch, Würzburg
Gesetzt aus Souvenier 11/14 p, System Berthold
Druck: Jos. C. Huber, Diessen
Binden: R. Oldenbourg, München
Printed in Germany
ISBN: 3-7766-1391-2

Inhalt

Vorwort

Jerry, um den es in diesem Buch hauptsächlich geht, lassen wir erst einmal beiseite. Denn
ohne Joe, seinen großen Freund, wäre Jerry
wahrscheinlich heute noch ein verschreckter,
verhaltensgestörter und bissiger Hund. Vielleicht
wäre er auch schon eingeschläfert worden oder
vor Kummer eingegangen.

Daß Jerrys Leben nun ganz anders verläuft, daß
er sogar eine Filmkarriere ins Auge fassen kann,
ist fast wie ein Märchen. Und diesen Mann, der
solche Dinge fertigbringt, möchte ich Ihnen vorstellen. Viele Menschen dieser Art gibt es nämlich
nicht. Er heißt Joe Bodemann, ist groß und blond
und achtunddreißig Jahre alt. Aber auf das
Äußere kommt es ja gar nicht an, die inneren
Qualitäten zählen. Oft bemerkt man sie sehr spät
und manchmal nur dann, wenn man sich in einer
schwierigen oder ausweglosen Situation befindet. Genau in einer solchen befand sich Jerry, als
Joe ihn zufällig entdeckte. Und da zeigt sich, daß

die Einstellung, die ein Mensch zum Leben, zu seinen Mitmenschen und Mitwesen hat, doch ungemein wichtig ist. Jerry hat sie das Leben gerettet. Für Joe gehören nämlich zu den sogenannten Mitwesen alle Tiere und Pflanzen, einfach alles, was lebt. Sein Zugehörigkeitsgefühl zu dieser Familie, die Natur heißt und Mensch und Tier einschließt, ist unbegrenzt. Sie öffnet uns Türen, die nur mit einem „Sesam öffne dich" – Code aufgehen und ins Land der instinktiven Wahrheit führen, wo wir nur noch aufs Herzpochen hören können. Joes Liebe ist total und ehrlich, ohne Hintergedanken. Er handelt instinktiv und voller Zutrauen, und das ist auch die Basis, auf der seine Filmtierschule aufgebaut ist. Seine Methode mit Tieren umzugehen, ist in ganz Westeuropa einmalig. Bei ihm gibt es keine Bestrafung, wie das bei einem Dressurakt üblich ist, Joe arbeitet nur mit Liebe und viel Lob. Und genau das braucht Jerry, wie alle anderen Tiere auch. Für Jerry war die Begegnung mit Joe der große Haupttreffer in seinem Leben wie im Lotto. Aber nun möchte ich Joe und Jerry zu Wort kommen lassen.

Helga Hutterer

Erste Begegnung

Auf meinem Schreibtisch häufte sich wieder einmal die unerledigte Schreibarbeit, und an diesem Morgen wußte ich, daß ich nicht drum herum kam. Ich schickte mich in mein Los und begann. Ein lautes Telefongeklingel riß mich aus meiner lästigen Tätigkeit. Der Produktionsleiter einer Filmfirma erkundigte sich eingehend nach meinen Hunden. Er wollte wissen, was sie alles konnten, wie sie sich vor der Kamera verhielten und wie sie aussahen. Die Filmfirma suchte einen mittelgroßen, langhaarigen Mischlingshund, der alle Kommandos brav befolgte. Außerdem sollte er unbedingt ein schwarz-weißes Fell haben. Gerade diesen Hund konnte ich ihm nicht bieten – aber genau diesen wollte er haben! So ist es meistens, da hat man eine große Auswahl, aber der Hund, der gesucht wird, ist nicht dabei. Pech!
Zwei Tage später, ich saß immer noch an meiner Schreibarbeit, rief die Filmfirma wieder an. Der Produktionsleiter hatte zwar zwei schwarz-weiße

langhaarige Hunde auftreiben können, aber keiner war fähig, sich bei laufender Kamera auf Befehl hinzusetzen, Männchen zu machen, zu bellen oder auf Stühle zu springen und dann – im grellen Scheinwerferlicht, der Hitze ausgesetzt – sitzen zu bleiben. Die Firma gab mir jetzt das Okay, mich auf die Suche nach diesem Wunderhund zu machen, ihn vorzubereiten und auf den Film hin zu trainieren. Endlich hatte ich einen guten Grund, meinen Schreibtisch zu verlassen. Die Sache mit dem Hund war ja eilig – beim Film ist immer alles sehr eilig. Olaf, mein Freund und Partner, hatte sofort Verständnis für die Dringlichkeit des Vorhabens, und schon saßen wir im Auto und waren unterwegs zum nächsten Tierheim.

Jedesmal, wenn ich in ein Tierheim komme, stehe ich fassungslos vor diesen hilflosen Kreaturen; den traurigen Blick dieser Hundeaugen kann ich kaum ertragen. Er ist eine stumme Anklage, und ich muß beschämt zu Boden schauen, denn es waren doch Menschen wie ich, die diese Tiere grausam ausgesetzt oder mißhandelt haben. Gottseidank gibt es wenigstens diese Heime, wo man sich, so gut es geht, um die armseligen Wesen kümmert.

Geknickt verließen wir das Tierheim. Meine Vermutung, den schwarz-weißen Hund gleich beim ersten Mal zu finden, hatte sich leider nicht bestätigt. Also fuhren Olaf und ich zum nächsten Tierheim. Dort war es auch nicht anders. Es gab keinen Hund, der in Farbe, Größe und Haarart dem entsprach, den der Produktionsleiter haben wollte. Nach und nach klapperten wir alle Tierheime der Umgebung ab. Ohne Erfolg. Unsere Stimmung war auf Null. Mit so vielen ausweglosen Tierschicksalen konfrontiert zu werden, das hielt ich nur schwer aus. Trotzdem rafften wir uns zu einem letzten Versuch auf.

Wir gingen an einer Reihe von Zwingern entlang – im ganzen waren es acht – und in der letzten Box, da saß er, ein mittelgroßer, langhaariger Hund, der nicht schwarz-weiß war. Ängstlich drückte er sich in eine Ecke und sah mich mit seinen braunen, glanzlosen Augen resigniert an. In diesem Blick lag nicht einmal mehr ein Hoffnungsschimmer, dieser Hund hatte aufgegeben. Er reagierte auch nicht, als ich zärtlich mit ihm sprach. Von weitem hörte ich Olafs Stimme: „Der Hund ist doch ein seelisches Wrack. Du als Fachmann mußt das doch sehen." Ich wußte, daß Olaf recht hatte und fühlte eine ohnmächtige Wut in mir aufsteigen. Warum konnte ich solche Dinge nicht verhindern? Schweigend gingen wir zum Ausgang. Doch die Augen des Hundes ließen mich nicht los; in dem Blick lag das ganze Leid dieser Welt. Wie in einem offenen Buch konnte ich darin die seelische Krankheit des Tieres lesen. Ich mußte zu dem Hund zurück, ich konnte ihn nicht einfach so lassen. Wieder an der Box, kniete ich mich nieder und sagte zu dem vierbeinigen Häufchen Unglück: „Hab' keine Angst, ich nehm' dich mit." Bei diesen Worten bewegten sich ganz leicht seine kleinen, buschigen Ohren.

Die Tierheimleiterin konnte es gar nicht fassen, daß wir ausgerechnet diesen Hund haben wollten. Sie war sehr fair und sagte uns offen, daß er niemanden an sich heranließe und sogar bissig und gefährlich sei. Spielende Kinder hatten ihn in einem Wald in der Nähe von Braunschweig gefunden. Er war mit einem Strick an einem Baum angebunden und vor Hunger und Durst schon halb tot, als er ins Tierheim gebracht wurde. All dies bestärkte mich noch in meinem Entschluß, gerade diesen Hund, der so viel gelitten hatte, mitzunehmen. Die Tierheimleiterin wünschte uns viel Glück und ließ uns mit dem Hund allein. Da tauchte auch gleich das erste Problem auf. Als ich mit der Leine auf ihn zugehen wollte, zeigte er mir knurrend und unmißverständlich die Zähne. Ich sprach liebevoll mit ihm und kam dabei immer näher an ihn heran. In panischer Angst drückte er sich noch mehr an die Gitterstäbe und knurrte immer lauter. Ich respektierte seine Angriffshaltung und blieb stehen. Er konnte ja nicht wissen, daß ich nur Gutes im Sinn hatte. Nach den schrecklichen Erfahrungen im Wald war es ganz natürlich, daß er kein Vertrauen mehr zu Menschen hatte. Er mußte mir gegenüber mißtrauisch sein und sich verteidigen. Ich verstand das zwar sehr gut, aber es nützte ja nichts. Wenn ich den Hund mitnehmen wollte, blieb mir nichts anderes übrig, als ihn zu überlisten. Nur mit einem Trick konnte es mir gelingen, ihn aus dem Zwinger herauszuholen. Zuerst versuchte ich, ihn mit einem Stück Hundekuchen, das ich immer bei mir habe, zu locken. Keine Reaktion. Die Angst war größer als die Lust auf Hundekuchen. Da bat ich Olaf, in die nächste Metzgerei zu fahren und ein Stück Fleisch zu kaufen. Es dauerte eine Ewigkeit, bis Olaf wieder erschien; die Geschäfte waren alle geschlossen, da Mittagszeit war. Zufällig kam er an einer Imbißstube vorbei, die Wiener Schnitzel hatte.

„Es ist zwar leicht gesalzen", meinte Olaf, „aber vielleicht mag er das ja." Mit meinem Schweizer Messer schnitt ich das Schnitzel in mehrere Stükke; eines davon legte ich auf den Boden. Olaf und ich blieben ganz ruhig, wir kümmerten uns nicht um den Hund, wir warteten, was geschehen würde. Das Knurren hatte er inzwischen aufgegeben. Vorsichtig tastete er sich an das Wiener Schnitzel heran, schnupperte daran herum und verschlang es gierig. Es funktionierte also. Ich legte ihm das zweite Stück hin, drückte Olaf den Rest in die Hand, nahm die Leine und wartete, bis er heruntergeschluckt hatte. Das war der Moment! So schnell habe ich einem Hund noch nie eine Leine um den Hals gelegt. Der Überraschungseffekt war mir gelungen. Olaf schob zur Sicherheit noch ein Stück Wiener Schnitzel hinterher. Es verschwand wieder blitzartig. Zu dritt verließen wir das Tierheim. Der Hund wehrte sich zwar noch und versuchte zu schnappen, aber er knurrte nicht. Kaum draußen, folgte das zweite Problem. Der Hund wollte einfach nicht ins Auto. Er fing wieder an zu knurren und zeigte die Zähne, dabei zitterte er aber am ganzen Körper. Hilflos mußte ich daneben stehen und das alles mitansehen. Es wäre ihm nicht recht gewesen, wenn ich mich zu früh in seine Angelegenheiten gemischt hätte. Alles braucht seine Zeit, und Vertrauen gewinnt man nicht allein mit einem Wiener Schnitzel. Ich wußte, was in ihm vorging, ich fühlte wie er und schämte mich für die Menschen, die zu wehrlosen Tieren so grausam sein können. Die Tränen konnte ich nicht verhindern. Auf Olafs Frage, was denn los sei, antwortete ich kurz: „Ich hab' was im Auge" und wischte mit dem Handrücken die Tränen weg. Es half alles nichts, der Trick mit dem Fleisch mußte wieder herhalten. Ich konnte nur hoffen, daß sein Appetit auf Wiener Schnitzel unersättlich war. Gottseidank hatte ich mich nicht getäuscht. Er kletterte ins Auto, dem heißgeliebten Schnitzel hinterher. Am liebsten wäre ich vor Freude in die Luft gesprungen. Jetzt konnten wir endlich mit ihm nach Hause fahren. Der Wuschelhund lag zusammengekauert hinten im Auto und ergab sich zitternd in sein Schicksal. Zu gern hätte ich ihn gestreichelt, ihn in meine Arme genommen und getröstet. Aber ich wußte, es war noch zu früh; er ließ sich von mir noch nicht berühren.

Obwohl mir klar war, daß die Therapie und die Erziehung des Hundes einige Zeit brauchen würde, ging ich das Risiko ein und schickte der Filmfirma Fotos von ihm. Olaf hat diese Bilder gemacht, und ich muß sagen, sie sind ihm besonders gut gelungen, trotz der Schwierigkeiten, die ihm das mißtrauische Tier gemacht hat. Es akzeptierte nämlich weder Olaf noch den Fotoapparat. Obwohl die Fotos so schön waren, wurde unser Wuschelhund nicht genommen, weil er nicht – wie gewünscht – schwarz-weiß war. Später erfuhr ich, daß der Film nie zustandegekommen ist. An welchen Problemen die Produktion scheiterte, ist mir nicht bekannt, an dem schwarz-weißen Hund kann es wohl kaum gelegen haben.

Für uns jedenfalls hatte die Filmplanung Konsequenzen. Auf der Farm gab es jetzt einen schwierigen Hund mehr, denn ich brachte es nicht übers Herz, ihn ins Tierheim zurückzubringen. Das wäre barbarisch gewesen. Ihn anderen Leuten anzuvertrauen, bei denen er vielleicht ein richtiges Zuhause gefunden hätte, ging ebenfalls nicht, da er tatsächlich bissig und eben ein Problemhund war. Wir beschlossen also, aus dieser armen Kreatur, aus diesem seelisch kranken Hund einen umgänglichen Haushund zu machen.

Bevor wir uns an diese Aufgabe heranmachten, holten wir erstmal den Tierarzt. Der war nun da, aber der Hund war weg. Alle suchten. Bei den Hängebauchschweinen fanden wir ihn schließlich. Wie zu erwarten, mußte er entwurmt und geimpft werden. Das ist leichter gesagt als getan, wenn sich ein Hund nicht anfassen läßt. Es blieb Olaf nichts anderes übrig, als ihn mit Gewalt festzuhalten. Ich durfte dabei nicht helfen, da nach einem negativen Erlebnis mit mir, eine gemeinsame, vertrauensvolle Arbeit nicht mehr möglich gewesen wäre. Das eine war nun überstanden, aber da meinte der Tierarzt, daß er auch noch an die Ohren heran müßte, die seien ja völlig verschmutzt und entzündet. Das hatte gerade noch gefehlt, die kleinen buschigen Öhrchen könnte er doch eigenlich in Frieden lassen. Aber ich wußte, daß die Säuberung notwendig war. Für diesen ärztlichen Eingriff mußte Olaf dem Hund einen Maulkorb umbinden, dann wurde er auf den Tisch gelegt und bekam eine Spritze. Schon für einen ausgeglichenen Hund sind solche Zwangsmaßnahmen schwer zu ertragen, für unseren gestörten Freund, der zu niemanden Vertrauen hatte, war es die Hölle. Wie sollte er auch begreifen, daß all diese Qualen nötig waren. Nach der großen Enttäuschung, die er gerade mit Menschen erlebt hatte, war der erste Kontaktversuch

17

nicht unbedingt aufbauend. Und ich verstand ihn völlig, als er sich in eine Ecke verkroch und von uns allen nichts mehr wissen wollte.

Am nächsten Tag suchte ich den Wuschelhund, ich wollte ihn rufen, aber wir hatten ja noch gar keinen Namen für ihn. Auch Olaf, der sonst immer eine Antwort parat hat, fiel nichts Passendes ein. Er meinte trocken: „Mit dem haben wir uns echt was eingebrockt." Darauf konnte ich nur mit meiner flapsigen Art reagieren: „Tscha nun, was soll's? Er ist nun einmal da." Das war es. Unser vierbeiniger, ausgesetzter Struwel hieß ab jetzt „Tschanun."

Ich rief also: „Tschanun, wo bist du? Komm her." Ich rief es zärtlich und liebevoll. Nichts rührte sich. Ich suchte das ganze Haus ab, von Tschanun keine Spur. Auch bei den Hängebauchschweinen war er diesmal nicht zu finden. Schließlich ging ich in die Stallungen und entdeckte Tschanun bei den Katzen. Hier sah ich ihn zum ersten Mal vollkommen gelöst und ohne Angst. Er leckte eine kleine Katze von oben bis unten ab, und sie ließ es sich mit Wonne gefallen. Diese Idylle konnte ich natürlich nicht stören; auf leisen Sohlen machte ich mich davon.

Freundschaft und Vertrauen

Lange Zeit habe ich Tschanun nur beobachtet und ihn völlig in Ruhe gelassen. Er sollte sich erstmal an seine neue Umgebung gewöhnen, an die vielen verschiedenen Tiere, die für ihn fremd waren und auch an uns. Eine Therapie konnte ich erst beginnen, wenn eine gewisse Vertrauensbasis geschaffen war. Voraussetzung dafür war natürlich, daß er auf seinen Namen hörte. Aber ich konnte machen was ich wollte, Tschanun von morgens bis abends zärtlich sagen oder lauf rufen, der Hund zeigte nicht die geringste Reaktion. Ich war schon ganz verzweifelt und beschloß nun, andere Namen auszuprobieren. „Ben klingt doch auch ganz schön? Nein? Dann vielleicht Hasso oder Harras? Auch nicht? Und was ist mit Fritz?" All diese Namen wurden nicht nur abgelehnt, sondern überhaupt nicht zur Kenntnis genommen. Jetzt war ich mit meinem Latein am Ende und schaute mein Wuscheltier flehend an: „Hilf mir doch! Kannst du nicht sagen, wie du heißen willst?" Er würdigte mich keiner Antwort. Ich kramte in meinem Gedächtnis nach Namen, und da fiel mir ein, daß ich als kleiner Junge einen Stoffhund besaß, an dem ich sehr hing. Ich hatte ihn Jerry getauft. Nun versuchte ich es noch einmal und rief zärtlich: „Jerry." Es wirkte wie ein Zauberwort, die kleinen Ohren hoben sich etwas, die Beine setzten sich zögernd in Bewegung, und das ganze Wollknäuel kam auf mich zu. Ich konnte es gar nicht fassen; die erste Hürde war genommen. „Jerry, du süßer Hund, du weißt ja nicht, wie glücklich du mich machst." Meine Hand berührte leicht seinen Rücken, und oh Wunder, Jerry hatte nichts dagegen. Er ließ sich von mir streicheln.

Von diesem Moment an ließ ich Jerry keine Sekunde mehr allein. Nur wenn er ständig bei mir war, konnte ich voll und ganz auf ihn eingehen, und das war nötig, um sein totales Vertrauen zu gewinnen. Ohne meinen treuen Olaf und die zuverlässigen Mitarbeiter wäre das nie möglich gewesen. Für ihre Mithilfe bin ich ihnen sehr dankbar. Auf der Farm, wo meine Hundeschule ist, war es relativ einfach, Jerry immer um mich zu haben. Mit den anderen Vierbeinern kam er gleich gut aus, und es gab keinerlei Probleme.

Auch mit den Raubtieren, dem Kamel, den Lamas und den Hängebauchschweinen ging alles glatt. Jerry verhielt sich instinktiv richtig. Bei den Raubtieren blieb er in gebührender Entfernung, zu den anderen traute er sich eher in die Nähe, und sie akzeptierten ihn auch. Soweit alles okay. Aber manchmal waren Autofahrten nicht zu vermeiden, und da wurde es schon schwieriger. Jerry hatte eine Abneigung gegen diese vierrädrigen, rollenden Kisten, und ich wollte ihn auf keinen Fall zwingen, in eine solche einzusteigen. Das mußte er schon freiwillig tun. Beim jetzigen Stand unserer Freundschaft war die Vertrauensbildung das Wichtigste; mir durfte einfach kein Fehler unterlaufen. Der kleinste Vertrauensbruch hätte alles zunichte gemacht. Andererseits war es wichtig, daß Jerry sich ans Autofahren gewöhnte. Irgendwie ahnte ich, daß noch einiges auf uns beide zukommen würde, und es war unbedingt von Vorteil, wenn ich Jerry bei Reisen mitnehmen konnte. Also mußte ich wieder einmal auf seine Lieblingsspeise zurückgreifen, nicht um ihn damit zu überlisten, sondern nur zu locken. Das leicht gesalzene Wiener Schnitzel brachte es dann auch tatsächlich fertig, Jerrys Widerwillen gegen diese rollenden Kisten abzubauen.

Er wußte genau, daß ihn niemand zwang, in dieses Ding hineinzusteigen. Wenn er seine Lust auf den heißersehnten Leckerbissen nicht zähmen konnte, mußte er sich halt zusammennehmen und das Geschaukel über sich ergehen lassen. Außerdem lockte noch eine andere Belohnung. Nach jeder Autofahrt machten wir einen langen Spaziergang, und Spazierengehen ist für Jerry nach wie vor das Schönste. Er braucht das Herumtollen und Sichaustoben; Bewegung baut Aggressionen ab.

Zum Spazierengehen gehört auch unbedingt der Wald, dort ist es am interessantesten. Aber das soll Jerry erklären: ‚Im Wald verfolgt man immer eine Spur, es riecht nach so vielen aufregenden Dingen, daß man die Schnauze aus dem Laub gar nicht mehr herauskriegt. Die Spuren überschneiden sich regelrecht, und man weiß überhaupt nicht mehr, auf welcher man sich befindet. Aber gerade das macht den Wald so spannend. Nachdem wir wieder einmal mit einer dieser Schaukelkisten gefahren sind, gehen wir endlich spazieren. Ich bin also eifrig an einer Spur dran, auf einmal kommt etwas von oben. Ich guck' hoch, ein kleines Tier mit einem viel zu langen buschigen Schwanz springt zwischen den Ästen herum. Natürlich muß ich jetzt auf den Baum rauf, aber dann klappt es doch nicht so mit dem Raufkommen, und ich muß meinen Ärger durch lautes Bellen kundtun. Beim nächsten Baum wird es noch aufregender, hier war bestimmt eine tolle Hündin. Oder waren es sogar gleich zwei? Nach dem Schnuppern heb' ich's Bein, aber da kommt fast nichts mehr, weil ich ja heute schon so oft das Bein gehoben hab'. Und so jagt ein Abenteuer das andere. Gleich passiert wieder etwas Eigenartiges. Wir sind am Waldrand, vor uns liegt ein Feld, plötzlich bewegt sich etwas ganz dicht vor mir, ich spür's an meinen Pfoten. Das muß von unten kommen. Ich seh' zwar nur viel Laub, aber das Laub bewegt sich. Und jetzt? Was mach' ich bloß? Ich stürz' mich einfach hinein und fang' zu buddeln an. Etwas krabbelt so schnell es kann davon, in die Erde hinein. Beinahe hätt' ich's erwischt, aber nur beinahe. Ich dreh' mich zu meinem neuen Menschenbegleiter um und schau' ihn fragend an. Bis zu einem gewissen Grad hab' ich schon Vertrauen zu ihm. Was er jetzt wohl machen wird? Er kniet sich zu mir auf den Boden und gräbt mit seinen Händen in dem Loch weiter. Wer hätte das gedacht? Buddeln macht sogar ihm Spaß. Er steigt schon wieder in meiner Achtung. Nun fang' ich natürlich auch wieder an. Aber seine Unterstützung hat uns nicht viel weiter gebracht, der Maulwurf – es war bestimmt ein Maulwurf – war schon längst verschwunden. Schön war es aber doch, das gemeinsame Buddeln. Ich laß' ihn nun allein und schau' mich mal woanders um. Aber nicht weit weg von ihm, man kann ja nie wissen, ob er mich braucht. Und was seh' ich, da bewegt sich doch tatsächlich schon wieder was. Aber das kenn' ich schon, das ist klein und langsam und hat so komische Dinger am Rücken, die stechen. Bei unserer ersten Bekanntschaft hab' ich mir daran schrecklich weh getan. Also schnuppere ich nur vorsichtig an der Kugel herum. Au wei, jetzt hat mein Freund gemerkt, daß ich nicht mehr mit ihm buddle, nur schnell zurück zu ihm. Na ja, das mit der Kugel ist ja auch nichts Richtiges.'

Als ich zu buddeln aufhörte, kam Jerry angelaufen und setzte sich neben mich. Ich wagte es zum zweiten Mal, ihn zu streicheln, zuerst nur am Rükken, dann auch die Seiten entlang. Ich glaube, es hat ihm gut getan; mir aber auch.

Dieser Waldspaziergang hatte unsere Freundschaft verstärkt, aber zum Spielen ließ sich Jerry immer noch nicht animieren. Dafür hatte er andere Fortschritte gemacht. Nachts verschwand er nicht mehr in irgendeiner Ecke, sondern schlief jetzt vor meinem Bett. Tagsüber lief er ständig um mich herum, und abends wenn ich allein war, kam er zu mir ins Wohnzimmer. Vor kurzem hatte ich mir einen neuen Fernsehsessel gekauft, der endlich mal bequem war, und ich konnte es Jerry nicht verübeln, daß seine Wahl ausgerechnet darauf fiel. Er hat offensichtlich einen guten Geschmack. Von nun an gehörte der Sessel Jerry. Ich nahm das in Kauf, um das Vertrauen des Hundes weiter aufzubauen. In diesem Stadium der Therapie mußte ich ihm seinen Willen lassen. Also holte ich den alten, ausrangierten Fernsehsessel wieder aus dem Keller und schaute ab jetzt etwas schief in die Bildröhre. Aber das war mir alles egal, für mich zählten nur die Fortschritte, die Jerry und ich zusammen machten. Von Olaf und den anderen Mitarbeitern ließ er sich kaum anfassen. Es war selten, daß er sich auch nur den Rücken streicheln ließ. Als Olaf einmal versuchte, ihn an anderen Körperteilen zu berühren, zeigte Jerry sofort die Zähne und wies Olaf in seine Schranken. Ich durfte ihn inzwischen am ganzen Körper streicheln, und das ermutigte mich, einen Schritt weiterzugehen.

25

Eine schwere Krise

Eines Morgens – Jerry und ich hatten wieder einmal gemeinsam im Garten nach Maulwürfen gebuddelt – hielt ich die Zeit für gekommen, einen neuen Versuch zu starten. Ich wollte Jerry hochheben und in meine Arme nehmen. Als ich ihn rief, kam er schwanzwedelnd auf mich zu und setzte sich neben mich. Zuerst streichelte ich ihn ausgiebig, dann nahm ich ihn hoch. Er wehrte sich, und wenn ich ihn nicht rechtzeitig heruntergelassen hätte, wären seine Zähne in meinem Gesicht gelandet. Diesmal hatte ich voreilig gehandelt. Ich hätte wissen müssen, daß es noch zu früh war. Deshalb entschuldigte ich mich bei Jerry und bat um sein Verständnis. Mir unterlaufen halt auch ab und zu Fehler. Jerry war nicht nachtragend, und dieser Vorfall führte zu keinem Vertrauensbruch. Mir hatte er jedoch gezeigt, wie tief Jerry das schreckliche Walderlebnis getroffen hatte und daß er noch einige Zeit brauchen würde, um es zu verarbeiten. Ich mußte noch mehr Geduld und Verständnis aufbringen.

Einige Zeit später passierte etwas noch viel Schlimmeres, das verhängnisvolle Folgen hatte. Es war ein Morgen wie jeder andere. Ich wachte auf und schaute als erstes neben mein Bett. Jerry lag wie ein Bettvorleger da und schlief. Jedesmal wenn ich ihn morgens so daliegen sehe, beginnt für mich ein glücklicher Tag. Vergnügt stieg ich aus meinem Bett, beugte mich zu Jerry und begrüßte ihn liebevoll: „Guten Morgen, Jerry, hast du gut geschlafen?" Dabei strich ich zärtlich über seinen Kopf und vergaß völlig, daß man schlafende, verhaltensgestörte Hunde nie am Kopf anfassen soll. Dafür mußte ich schwer büßen. Als ich seinen Kopf berührte, biß Jerry zu. Und diesmal erwischte er mich voll. Seine scharfen Zähne bohrten sich in meine rechte Hand. Der Schmerz war höllisch, und ich schrie laut auf. Jerry, der von mir noch nie ein lautes Wort gehört hatte, war so überrascht oder so erschrocken, daß er nicht weiter zubiß, sondern losließ. Olaf brauchte ich nicht mehr zu rufen, er war gleich zur Stelle, verband die Hand notdürftig und brachte mich zum Arzt. Der Biß war tief und entzündete sich. Es hat mehrere Wochen gedauert, bis die Wunde einigermaßen verheilt war.

Während dieser Zeit konnte ich nicht einmal die

Büroarbeiten erledigen, von der anderen wichtigen Arbeit mit den Tieren ganz zu schweigen. Einen so langen Arbeitsausfall konnte ich mir eigentlich nicht leisten. Ein nochmaliger Unfall dieser Art durfte nicht geschehen. Olaf war kategorisch: „Das wird auch nicht mehr passieren. Der Hund ist bissig und wird es auch bleiben. Du mußt dich von ihm trennen." Bei diesen Worten blieb mir fast das Herz stehen. Ich sollte mich von Jerry trennen? Nein, niemals! Diesen Hund konnte ich nicht mehr hergeben, er gehörte schon viel zu sehr zu mir. Und eine Trennung, das würde ja bedeuten, daß Jerry sterben mußte. Das konnte ich einfach nicht zulassen. Ich verbrachte schlaflose Nächte und zermarterte mir das Gehirn. Jerry spürte natürlich, daß etwas nicht stimmte; die Stimmung lastete auch auf ihm. Mutlos und verkrampft schlich er auf der Farm herum, sogar das Spazierengehen machte ihm nicht mehr so viel Spaß. So konnte es nicht weitergehen, ich mußte eine Entscheidung treffen. Nach einer letzten, langen Diskussion mit Olaf und meinem Team, bei der ich natürlich keine Garantie dafür geben konnte, daß Jerry ab jetzt nicht mehr beißen würde, beschlossen wir alle schweren Herzens, ihn einschläfern zu lassen.

Für Olaf war es selbstverständlich, mir diesen schweren Weg abzunehmen und Jerry zum Tierarzt zu bringen. Das akzeptierte ich jedoch nicht. Wenn ich diesem Todesurteil schon zugestimmt hatte – ob notgedrungenerweise oder nicht, spielte keine Rolle – mußte ich auch die Konsequenzen tragen und mich stellen. Es wäre zu feige von mir gewesen, meinen geliebten Jerry in seiner letzten, schweren Stunde allein zu lassen. Ich riß mich unheimlich zusammen, als ich ins Wohnzimmer ging. Er durfte nicht merken, wie mir zumute war. Wie üblich saß er in „seinem" Fernsehsessel und blickte kaum hoch, als ich mich ihm näherte. Er war deprimiert und zutiefst traurig. Vorsichtig legte ich ihm das Halsband um und kam mir dabei wie ein Henker vor. War es wirklich richtig, was ich da tat? Die Tränen schossen mir in die Augen. Plötzlich fühlte ich etwas an meinem Arm kratzen, ganz behutsam und sanft. Jerry streckte mir seine kleine Pfote entgegen, das hatte er noch nie gemacht. Jetzt war mir alles gleichgültig, ich legte mein Gesicht an seinen Kopf und nahm ihn in die Arme. Er wehrte sich nicht, er biß nicht, er ließ alles mit sich machen. Ich hob ihn hoch und schmuste mit ihm. Jerry einschläfern lassen? Dieser Gedanke war absurd.

Jerry mußte leben. Ihn so einfach aufgeben, was hatte ich mir nur dabei gedacht? Etwas mehr Ausdauer, das hatte Jerry wohl verdient.

Meine Hand heilte so langsam vor sich hin. Schneller ging es, als Jerry zärtlich daran leckte; jedenfalls bildete ich mir das ein. Dieser Hund ist wirklich unglaublich, und ich liebe ihn über alle Maßen. Ich bin sicher, es war die gegenseitige Liebe, die uns geholfen hat, alle Hürden zu nehmen. Fairerweise muß ich aber noch erwähnen, daß ich ganz ohne Hilfe doch nicht ausgekommen bin. Ich merkte, daß Jerry nicht nur mich brauchte, ich war ja ein Mensch und stand doch auf einer anderen Stufe, er wollte und suchte Zuneigung zu anderen Tieren. Ich erinnerte mich plötzlich an das Bild, als ich Jerry zum ersten Mal völlig gelöst sah. Damals leckte er eine kleine Katze von oben bis unten ab. Jetzt wußte ich, was ich zu tun hatte. Ich nahm zwei Katzen mit in die Wohnung, sie sollten mit mir und Jerry zusammen leben. Das war ein Erfolgsrezept, Jerry wurde sofort locker, als die Katzen um ihn waren. Ab jetzt hatte er auch keine so großen Schwierigkeiten mehr mit Menschen; der Kontakt wurde enger, besonders zu mir. Endlich war der Durchbruch geschafft! Wir feierten den Erfolg mit einem kühlen

30

Glas Orangensaft und Jerry mit ein paar Häppchen Wiener Schnitzel – leicht gesalzen, versteht
sich!

Die Entscheidung

An einem trüben Freitagnachmittag klingelte das Telefon. Filmproduzent Wolfgang Rademann rief persönlich an, da mußte es sich schon um etwas Wichtiges handeln. Wir hatten uns bei einer Folge vom *„Traumschiff"* kennengelernt, damals trainierte ich einen Hund, und die Dreharbeiten verliefen reibungslos. Rademann hatte das nicht vergessen und wollte wieder mir mir zusammenarbeiten. Er saß gerade mit einem seiner Autoren beim Entwickeln einer neuen Serie, in der auch wieder ein Hund mitspielen sollte. Da mit Rademann beim ersten Mal alles so problemlos geklappt hatte, sagte ich natürlich auch jetzt ohne lange zu überlegen zu.

Am nächsten Morgen machte ich mich auf die Suche nach dem geeigneten Hund, der meines Erachtens für diese Rolle in Frage kam. Er sollte Menschen gegenüber zutraulich und lieb sein. Außerdem durfte er keine Angst vor Geräuschen und optischen Dingen haben, wie zum Beispiel vor einer großen Holzplatte. Ich war Herrn Rademann dankbar, daß er sich frühzeitig an mich gewandt hatte, so stand ich nicht unter Druck und hatte Zeit, den Hund in Ruhe auszusuchen. Dreißig Hunde hatte ich mir genau angesehen und getestet, davon kamen schließlich sechs in die engere Wahl. Während ich einen Hund nach dem anderen eingehend beobachtete, sah ich immer nur Jerry vor mir. Ob dieser Film vielleicht eine Chance für ihn wäre? Sollte ich es wagen und ihn für die Rolle vorschlagen? Aber ehrlich gesagt, traute ich ihm eine so große Serie doch noch nicht zu. Wenn es nur eine Folge gewesen wäre, hätte ich nicht so lange gezögert. Trotz meiner Bedenken machte ich kurzentschlossen zwei Fotos von Jerry und schickte sie, zusammen mit den Fotos der anderen sechs Hunde, Herrn Rademann zur Auswahl. Auf Jerrys Foto schrieb ich: „Wegen des Aussehens besonders zu empfehlen." Nach einer Woche kam die Antwort. Herr Rademann und der Regisseur waren sich einig, sie hatten sich für Jerry entschieden. Die Würfel waren gefallen. Jerry hatte seine erste Filmrolle bekommen. Das bedeutete für uns beide sehr harte Arbeit. Jerry mußte noch tieferes Vertrauen zu Menschen bekommen, nicht zu mir, sondern zu fremden Menschen. Zwischen uns war die Bindung so innig wie noch nie, überall wo ich war, war auch Jerry, und er ließ mich nie aus den Augen. Ohne diese Bindung hätten die Ausbildung und das Training für den Film nie beginnen können.

Das Lernen beginnt

Bei dem Film kam es hauptsächlich auf zwei Dinge an, Jerry durfte nicht geräuschempfindlich sein und zu fremden Menschen sollte er sich lieb verhalten. Gerade diese beiden Punkte waren kritisch, denn Jerry hatte Angst vor lauten Geräuschen, vor allem vor Schüssen, und fremden Leuten gegenüber war er scheu und verhielt sich eher abweisend. Beides mußte schleunigst abgebaut werden. Ich begann mit den Geräuschen. Sehr behutsam natürlich, denn einen Schock sollte er auf gar keinen Fall bekommen. Jedesmal wenn Fressenszeit war – er wurde zweimal täglich gefüttert – machten wir jetzt erstmal Krach. Anfangs klatschte ich allein laut in die Hände, dann klatschten wir zu viert, schließlich verstärkten wir das Klatschen mit Hilfe von Holzplatten. Später gingen wir soweit, daß Olaf die Bohrmaschine in Gang setzte und ich den Rasenmäher, immer abwechselnd, und somit steigerten wir die Geräusche immer mehr.

Allmählich begriff Jerry, Geräusche bedeuten Futter, sie waren also mit angenehmen Dingen verbunden. Man brauchte keine Angst davor zu haben und mußte nicht die Flucht ergreifen. Im Laufe der Zeit festigte sich dieser Erfahrungswert bei Jerry, und jetzt gibt es kaum noch Geräusche, die ihn erschrecken. Es macht ihm auch nichts aus, wenn ein Motorrad laut knatternd angeworfen wird und die friedliche Stille durch dieses Getöse zerreißt. Bei Schüssen und lautem Geknalle zieht er sich nicht mehr ängstlich in eine Ecke zurück, er reagiert mit Bellen.

Die erste Schwierigkeit war beseitigt, jetzt mußte noch das zweite falsche Grundverhalten geändert werden. Wie brachte ich ihn dazu, fremde Personen zu akzeptieren und zutraulich zu ihnen zu sein? Um ihn mehr an Menschen zu gewöhnen, nahm ich Jerry jetzt öfter mit in die Stadt und ging mit ihm in der Fußgängerzone spazieren. Er benahm sich friedlich, wollte aber von den vielen neuen Menschen nichts wissen; sie interessierten ihn nicht. Als ich in eine Metzgerei ging, durfte Jerry nicht mit hinein. Ich band ihn draußen vor der Tür an und sagte ihm, daß ich gleich wiederkäme, er könne mich ja durch die Türscheibe beobachten. Solange er mich sah, war alles in Ordnung. Ich kam zurück und traute meinen Augen nicht, Jerry war nicht mehr allein, zwei Kinder spielten mit ihm. Schwanzwedelnd genoß er das neue Erlebnis.

Daß er sich zu Kindern hingezogen fühlte, lag wahrscheinlich daran, daß es zwei Kinder waren, die ihn im Wald gefunden und befreit hatten. Aus meinem Bekanntenkreis suchte ich nun einige Kinder aus und bat sie, mit Jerry spazierenzugehen. Den Kindern machte das großen Spaß und Jerry auch. Nachdem das so gut ging, versuchte ich, das Alter zu steigern und brachte ihn mit Jugendlichen zusammen. Bei den ersten Malen ging ich mit spazieren und zeigte Jerry, daß ich zu den Jungen Vertrauen hatte. Ich gab ihnen seine Lieblingsspeise – wie kann es anders sein, leicht gesalzenes Wiener Schnitzel in kleinen Häppchen –, die sollte Jerry ihnen nun aus der Hand fressen. Er lief nicht etwa sofort darauf zu, sondern vergewisserte sich erst bei mir, ob das wohl auch seine Richtigkeit hätte. Auf meine Bestätigung: „Ja Jerry, die sind in Ordnung, du kannst ihnen trauen", nahm er vorsichtig ein Häppchen nach dem anderen und ließ es sich schmecken. Als ich sicher war, daß Jerry bei den jungen Leuten gut aufgehoben war und sich wohlfühlte, ließ ich die Bande allein losziehen. Auf diese Art und Weise wurde Jerry die Bekanntschaft mit fremden Leuten durch Leckerbissen schmackhaft gemacht, und dagegen hatte er durchaus nichts einzuwenden. Auch Erwachsene waren ihm inzwischen nicht mehr suspekt. Schließlich freute er sich sogar, wenn uns jemand auf der Farm besuchte. Nun konnte ich Jerry fremden Schauspielern mit ruhigem Gewissen anvertrauen. Es bestand keine Gefahr mehr, daß er plötzlich zubeißen würde. So lange hatte es gedauert, bis Jerry endlich wieder so war, wie er vor seinem schrecklichen Erlebnis gewesen sein mußte, ein ganz normaler Hund nämlich.

Ausbildung und Erziehung

Jerry und ich nahmen jetzt die Grundschulung in Angriff. Wir konzentrierten uns auf das A und O der Erziehung, aufs Gehorchen. Wie jeder Hund in meiner Schule mußte auch Jerry lernen, auf Zuruf zu kommen, sich hinzulegen, manierlich an der Leine zu gehen etc. Dann war das „Männchenmachen" und das „Lautgeben" dran. Vom Winseln bis zum leisen und lauten Bellen mußte alles auf Kommando möglich sein. Jerry bereitete das keinerlei Schwierigkeiten. Natürlich hat das berühmte Wiener Schnitzel wieder einmal zum erfolgreichen Gelingen beigetragen.

Auf mein Kommando setzte Jerry sich brav hin, den Blick erwartungsvoll auf mich gerichtet. Ich stand vor ihm, zeigte ihm das Stückchen Fleisch und bewegte dabei meinen erhobenen Zeigefinger. Jerry schaute gebannt auf das Häppchen, gab aber keinen Mucks von sich. Mit den Worten: „Leckerchen, hmm, das schmeckt", brachte ich ihn in die richtige Stimmung. Schon waren leise

Laute zu vernehmen, aber das „Leckerchen" blieb in meiner Hand. Mit zunehmender Gefühlsbewegung wurde der Drang stärker, und Jerry bellte. Nun mußte alles ganz schnell gehen, in Bruchteilen von Sekunden gab ich ihm das Fleisch und lobte ihn dabei. Das haben wir unzählige Male wiederholt. Allmählich begriff er, daß er bellen mußte, um das Fleisch zu bekommen.

Jerry sagte sich: „Joe zeigt mir ein Stück Wiener Schnitzel, sein Zeigefinger geht hoch, er bewegt sich, jetzt bell' ich, und das Schnitzel gehört mir. Fein! Aber nicht nur das: Joe ist jedesmal so glücklich, wenn ich mach', was er will, daß er mich vor lauter Begeisterung liebevoll streichelt und dann wild mit mir herumtollt oder im Wald spazierengeht – und das mag ich doch alles so gern. Wie er sich das aufteilt, wann nun Herumtollen oder wann Spazierengehen, hab' ich bis heut' noch nicht begriffen. Ist ja auch egal, denn ich find' beides wunderschön.'

Um Jerry das Winseln beizubringen, wandte ich natürlich eine andere Methode an. Dafür mußte seine Stimmung gedämpft werden. Ich zeigte Jerry das Fleisch und versteckte es dann schnell hinter meinem Rücken. Er versuchte sofort dem Schnitzel hinterherzulaufen, aber da er durch ei-

ne Leine in seiner Bewegungsfreiheit eingeschränkt war, gelang es ihm nicht. Ich stand vor
ihm und schaute in die Luft, um den Blickkontakt
zu vermeiden, denn dieser bestärkte Jerry beim
„Lautgeben". Jerry konnte es gar nicht fassen:
‚Was hat Joe sich da bloß wieder ausgedacht? Er
schaut einfach weg, so eine Frechheit! Ich muß
ihm mal die Meinung bellen. Unerhört, er reagiert überhaupt nicht, bewegt sich keinen Milli-
meter. Er wird doch nicht zur Salzsäule erstarrt
sein? Sowas von Ignorieren hab' ich ja noch nie
erlebt. Ob's ihm vielleicht nicht gut geht? Dann ist
Bellen bestimmt nicht das Richtige. Mal sehen,
was er macht, wenn ich winsle. Ja, es funktioniert!
Er schaut mich wieder an, gibt mir mein Schnitzel, lobt und streichelt mich. Und diesesmal gehen wir im Garten buddeln. Auf was für Ideen Joe
doch immer kommt, ständig fällt ihm was Neues
ein, um mich auf Trab zu bringen. Aber ich muß
zugeben, es macht mir einen Heidenspaß. Meine
grauen Hundezellen kommen echt in Schwung.'
Nun kam das „Männchenmachen" an die Reihe.
An diese Übung muß man vorsichtig herange-
hen, um das Tier nicht zu überfordern; anfangs
dürfen die Trainingszeiten nur kurz sein. Da sich
die Rückenmuskulatur erst bilden muß, würde

ein zu langes Training unweigerlich zu Muskelkater führen. Aber mit Schmerzen im Rückgrat hat kein Hund Lust „Männchenmachen" zu üben. Am sinnvollsten ist es, mit fünf Grundlektionen anzufangen, und zwar dreimal am Tag, früh, mittags und abends. So hat es Jerry jedenfalls gelernt. Er saß vor mir, und ich hielt ihm ein Stück Schnitzel vor die Nase; langsam hob ich es nach oben. Dabei bekam er das Kommando: „Mach schön!" Mit der linken Hand griff ich unter seine Vorderpfoten und hob sie hoch. Nachdem er eine Weile in dieser „Mach-schön-Haltung" ausgeharrt hatte, bekam er seine Belohnung und wurde gelobt. Das haben wir fünfmal hintereinander gemacht und, wie schon gesagt, dreimal täglich. Nach drei bis vier Tagen erhöhten wir das Pensum, der Wiederholvorgang wurde auf acht- bis zehnmal gesteigert. Es dauerte nicht lange, da beherrschte Jerry das „Männchenmachen" aus dem Effeff. Seine Rückenmuskulatur hatte sich entwickelt, und sein Gleichgewichtsgefühl wurde immer ausgeprägter. Allmählich vergrößerte ich den Abstand zwischen Jerry und mir. In einer weiteren Phase brauchte ich dann nur noch das Stück Schnitzel hochzuhalten und das Kommando zu geben. Das funktioniert jetzt auch auf eine

Entfernung von zwanzig bis dreißig Metern. Gerade bei einem so verhaltensgestörten Hund wie Jerry hat sich meine Erziehungsmethode, „Lernen durch Loben, nicht durch Strafen", voll bewährt. Wenn man ein Tier bestraft, unterdrückt man auch seine guten Eigenschaften, wenn man es lobt, holt man die guten Eigenschaften heraus, und das Tier ist imstande, Höchstleistungen zu vollbringen. Außerdem ist es belastbarer als ein Tier mit negativen Erfahrungen.

Für die *Schwarzwaldklinik*, so heißt die Serie, in der Jerry mitspielt, mußte ich ihm nun das Apportieren beibringen. Dafür gibt es zahlreiche Methoden. Leider wird immer noch zu oft mit Stachelhalsband oder Ohrenumdrehen gearbeitet. Dagegen bin ich allergisch. Ich halte es für meine menschliche Pflicht, einem Tier das Lernen so angenehm wie möglich zu machen. Vor allem aber muß es schmerzfrei vor sich gehen! Bei Jerry war das folgendermaßen: Ausgangshaltung ist wieder einmal das Sitzen, dabei ist er besonders aufmerksam. Ich gebe ihm ein etwa zwanzig Zentimeter langes Stück Holz, mit einem Durchmesser von ungefähr zwei Zentimeter in die Schnauze und lobe ihn erstmal sehr. Während ich ihn streichle, wiederhole ich ständig das

Wort, das er sich einprägen soll: „Brings!" Das tue ich so lange, bis er das Stück Holz in der Schnauze behält. Auf mein Kommando: „Aus!" nehme ich ihm das Holz weg. Diese Übung machen wir unzählige Male. Irgendwann ist es dann soweit, Jerry läßt das Holz bei „Aus!" fallen. Sofort bekommt er ein Stück Wurst oder ein Stück Schnitzel, und das obligate Spielen oder Spazierengehen vergesse ich auch nicht. Ich halte meine Versprechen. Nach einem solchen Erfolgserlebnis lernt Jerry sehr viel schneller. Bei Menschen ist es im Grunde genommen ja auch nicht anders. Nachdem Jerry das Apportierholz halten und fallen lassen kann, soll er jetzt lernen, es vom Boden aufzuheben. Er sitzt also wieder vor mir, ist ganz konzentriert; ich tupfe den Boden mit Wurst ab und lege das Holz unmittelbar vor seine Pfoten. Ist er nun mit der Schnauze nahe bei dem Holz, nehme ich es und lege es ihm ins Maul, mit dem ständigen Begleitwort: „Bring's!" Auch das bedarf zahlreicher Wiederholungen. Wenn man nicht aufgibt, klappt es schon. Der nächste Schritt ist dann, das Holz zu mir zu bringen. Wenn ich ihn rufe, kommt er zwar sofort angelaufen, aber das Holz läßt er vorher fallen. Blitzschnell stecke ich es ihm wieder in die Schnauze und rufe ihn erneut. Mit viel Geduld, Lob und nicht zuletzt mit seinem Lieblingsfressen kommen wir ans Ziel. Jerry hat alle Vorgänge kapiert und befolgt meine Kommandos. Die Strecken werden immer länger, die er mit dem Holz in der Schnauze abläuft, und er bekommt immer mehr Sicherheit. Mit der Zeit tausche ich dann das Holz gegen Hausschuhe, Zeitungen und andere Sachen aus. Mit meiner Lernmethode hat er das Apportieren wirklich sehr schnell zur Perfektion gebracht. Wahrscheinlich wollte er mir damit auch eine Freude machen. Und ich muß zugeben, ich war sehr stolz auf ihn, als er vor der Kamera ganz selbstverständlich mit Zeitungen und Blumen in der Schnauze daherkam oder geschickt einen Telefonhörer abnahm, genau wie ein Profi. Er sprang auch auf Stühle, Sessel und Sofas und blieb brav dort sitzen, bis die Einstellung zu Ende war.

Eine Aufgabe fiel ihm besonders schwer. Er sollte einem Schauspieler auf Zuruf in die Arme springen. Einem anderen Hund wäre das wahrscheinlich überhaupt nicht schwer gefallen, aber Jerry hatte nun einmal eine Abneigung gegen das „In-die-Arme-nehmen". Es konnte passieren, daß er dabei plötzlich zubiß. Ich versuchte es mit dem unwiderstehlichen Wiener Schnitzel, aber Jerry dachte nicht daran, sich in Bewegung zu setzen. Was konnte ihn mehr reizen als ein Wiener Schnitzel? An Eßbarem gab es nichts, was diesen Leckerbissen überbieten konnte. Mir mußte etwas anderes einfallen. Was liebte Jerry außer Wiener Schnitzel? Gab es da überhaupt noch etwas? Ja, Katzen natürlich! Als die kleine Katze auf meiner Schulter saß, brauchte ich Jerry nicht mehr lange zu animieren, er sprang in meine Arme und leckte das Kätzchen zärtlich ab. Der Groschen war gefallen. Das klappte auch bei fremden Personen; wenn jemand die kleine Katze auf der Schulter hatte, sprang Jerry ihm in die Arme. Später sprang er dann auch ohne Katze. Wenn ich an diesen verängstigten und bissigen Hund zurückdenke, kann ich es kaum fassen, was Jerry heute alles macht. Das Erstaunlichste für mich ist jedoch, wie unglaublich schnell er ab einem gewissen Stadium – nachdem seine seelische Krankheit geheilt war, und er volles Vertrauen zu mir hatte – plötzlich begriff. So große Fortschritte in so kurzer Zeit sind wirklich außergewöhnlich. Man konnte richtig zusehen, wie sich seine Lernbereitschaft und sein Auffassungsvermögen von Tag zu Tag steigerten. Es war eine wahre Freude, ihm beim Arbeiten zuzusehen. Jetzt hatte ich keine Bedenken mehr. Er würde auch die schwierigen Situationen, die wir noch vor uns hatten, mit Grandezza schaffen. Bis jetzt ging es nur darum, in einer gewohnten Umgebung Übungen zu absolvieren, aber die Übungen am Drehort zu wiederholen, wo es von fremden Menschen nur so wimmelt, wo eine unterschwellige Hektik immer spürbar ist, wo überall Mikrophone, Kabel und Scheinwerfer mit grellem Licht herumstehen oder hängen, und dann auch noch die Kameras, das ist etwas ganz anderes. Da muß man sich echt zusammenreißen und sich konzentrieren. Oft ist es auch so, daß eine bestimmte Reaktion, ein Bellen oder Hochspringen zum Beispiel, aufs Stichwort kommen muß oder sogar auf Handzeichen, weil der Ton schon mitläuft und der Trainer, also ich, keine Kommandos mehr geben darf, sonst wäre der Ton nicht zu gebrauchen. All das kam noch auf uns zu, aber Jerry und ich waren zuversichtlich. Die spezielle Schulung dafür hatte er mit Bravour abgeschlossen.

Die ersten Drehtage

Es war soweit, im Juli 1984 fiel der Startschuß für die Dreharbeiten zur *Schwarzwaldklinik*. Ich packte meinen Jerry in die von ihm inzwischen nicht mehr feindselig betrachtete „rollende Kiste", und auf ging es über Frankfurt und Freiburg in den Hochschwarzwald, eine Gegend, die für uns beide Neuland war. Staunend fuhren wir durch eines der schönsten Täler, das ich je gesehen habe, das Glottertal. Hier sollte der erste Drehtag stattfinden. Ich war voller Bewunderung, ein solches Motiv ist an Schönheit kaum zu überbieten. Während mir die Augen übergingen, hatte Jerry ganz andere Probleme weitaus profanerer Art – aber für ihn durchaus wichtiger. Wo ein Tal ist, sind auch Höhen und, um da hinaufzukommen, fährt man notgedrungenerweise Serpentinen, und dabei kann es passieren, daß einem so sensiblen Hund wie Jerry ganz einfach schlecht wird. Das hieß für mich vorsichtig und langsam zu fahren, des öfteren haltmachen und spazierengehen. Die großen Wiesen hatten es Jerry angetan, er konnte nicht genug davon bekommen. Wie die Wilden tollten wir im Gras herum, bergauf und bergab, das steigerte unsere Kondition, und die nächste Autostrecke konnte wieder in Angriff genommen werden.

Auf diese Art und Weise haben wir die Steigungen mit den schrecklichen Kurven einigermaßen heil überstanden und kamen schließlich etwas durchgerüttelt in dem kleinen malerischen Kurort Titisee-Neustadt an, wo wir in einem Hotel direkt am See untergebracht waren. Jerry sprang so schnell er konnte aus dem Auto, stürzte auf eine kleine Gruppe Kinder zu und verschwand mit ihnen im Hoteleingang. Ich natürlich sofort hinterher, lag mir doch viel daran, meinen Jerry in dem Hotel, in dem wir noch eine ganze Weile bleiben sollten, gut einzuführen.

Außer Atem stand ich in der Empfangshalle und hielt Ausschau nach meinem Hund. Ihn entdeckte ich zwar nicht, aber dafür die Kinder: aus ihrem begeisterten Gehabe zu schließen, mußte Jerry sich in ihrer Mitte befinden. Ich drängelte mich etwas in die kleine Schar hinein und war beruhigt, mein braver Jerry, umringt von den Kin-

dern, ließ sich genüßlich von ihnen das Fell kraulen. Ein gutes Omen für die Dreharbeiten.

Am nächsten Morgen um neun Uhr waren wir
am Drehort. Jerry wurde dem Regisseur, den
Schauspielern und dem Filmteam vorgestellt.
Dann erklärte uns der Regisseur die Szene: sie
spielte auf der Terrasse vor Professor Brinkmanns Haus, Jerry sollte auf einen Stuhl springen und dort sitzenbleiben, während sich die
Schauspieler unterhielten. Eine ganz einfache
Sache und für Jerry mit keinerlei Schwierigkeiten verbunden; so beurteilte ich das jedenfalls.
Daß bei Jerry etwas ganz anderes ablief, hab' ich
erst später begriffen:

‚Das sind also die Leute vom Film, die muß ich
mir erstmal genau anschauen, bevor ich mit denen arbeite. In Ruhe herumschnüffeln wird wohl
gestattet sein. So eine neue Umgebung muß
man sich erst richtig reinziehen, sonst läuft da gar
nichts. Warum rennen die wohl so hetzig hin und
her? Ich muß rauskriegen, ob das Hand und Fuß
hat, oder ob es bloß Wichtigtuerei ist. Und was
schleppen die nur alles? Lauter komische Gegenstände, die ich nicht kenne; wonach die wohl rie-
chen mögen? Im Grunde genommen nach gar
nichts, leider überhaupt nicht aufregend. Ist wohl

50

besser, ich halt' nach Joe Ausschau, er darf mir nicht entwischen; ich muß höllisch aufpassen, daß er mich in diesem Chaos nicht allein läßt. Also, mit Überblick und so, das geht nicht auf Anhieb, scheint doch eine recht undurchsichtige Angelegenheit zu sein, dieses Filmgeschäft. Hauptsache, Joe kennt sich da aus, auf ihn kann man sich wenigstens verlassen. Er redet immer noch mit dem einen Typen da, muß sich wohl um den „Obermotz" handeln, sonst würde Joe sich doch nicht so lange mit ihm abgeben. Die reden anscheinend über mich, ich fühl' richtig, wie's in mir anfängt zu kribbeln. Endlich kommt Joe zu mir, mal hören, was die ausgebrütet haben. Nur auf einen Stuhl springen und sitzenbleiben? Ist das alles? Es kann losgehen! Plötzlich ist alles mucksmäuschenstill; was soll denn das nun wieder? Ich brauch' den Blickkontakt zu Joe, gottseidank, er steht neben dem „Obermotz", jetzt gibt er mir Zeichen: gut, ich spring' auf den Stuhl, warum auch nicht! Was reden die beiden neben mir bloß für unverständliches Zeug? Das muß Joe mir erklären. Ich schau' zu ihm hin und begreif' überhaupt nichts mehr. Nachdem sie alle so still waren, redet jeder plötzlich unmotiviert durcheinander – ich hab' so das Gefühl, daß das

51

Wort „unmotiviert" hier genau hingehört –, und der „Obermotz" schaut mich ständig an. Was hab' ich falsch gemacht? Wie gesagt, Film ist nicht so leicht durchschaubar. Wieder kuschen alle, und dieses runde magische Auge beginnt zu summen, nachdem der „Obermotz" sagt: „Kamera ab!" Na gut, auf Joes Zeichen spring' ich nochmal auf den Stuhl. Halt! Dort am Tischtuch riecht es verdächtig nach Wiener Schnitzel. Ist mir doch völlig egal, was die beiden neben mir daherreden, verstehn tu' ich's sowieso nicht. Ich konzentrier' mich lieber auf den Geruch, aber sitzenbleiben tu' ich, ich kann Joe doch nicht blamieren. Das Summen hört auf, alle klatschen in die Hände. Warum nur? Joe gibt mir Zeichen, daß alles okay ist, jetzt bin ich mein eigener Herr. Hab ich's doch gewußt, unter der Tischdecke ist ein kleines Stück Wiener Schnitzel versteckt, es schmeckt himmlisch. Mich wundert nur, daß meine beiden Kollegen nichts davon abhaben wollen. Na ja, klein genug ist es auch, genau die richtige Portion für mich."

Als Jerry immer nur gebannt auf mich schaute und nicht auf die Schauspieler, wie der Regisseur es haben wollte, wurde mir ganz heiß vor Aufregung. War es doch noch zu früh, Jerry mit dem

Film konfrontiert zu haben? Aber darüber nachzudenken, war in diesem Moment nicht das Richtige; ich mußte handeln und Jerry dazu bringen, die Schauspieler anzuschauen. Es gab nur einen Weg, ein kleines Stück Wiener Schnitzel genau in Blickrichtung auf die Schauspieler unter der Tischdecke zu verstecken. Jetzt schaut Jerry wie hypnotisiert auf die Schauspieler, für die Zuschauer jedenfalls, und der erste Drehtag war mit Erfolg gekrönt.

Am zweiten Tag sollte Jerry mit Professor Brinkmann und Schwester Christa spazierengehen. Bevor die Szene geprobt wurde, bat ich die beiden Schauspieler, sich mit Jerry vertraut zu machen, um einen engeren Kontakt zu ihm zu bekommen. Sie waren sofort damit einverstanden, spielten mit Jerry und streichelten ihn. Danach gab es keine Schwierigkeiten mehr, die Einstellung konnte problemlos gedreht werden. Auch die Kameras, das Licht und der Ton machten Jerry überhaupt nichts aus, alles klappte wie am Schnürchen, und ich stellte zu meiner Freude fest, daß das Filmen meinem kleinen Freund richtig Spaß machte. Von Tag zu Tag wuchs er mehr und mehr in seine Rolle hinein und entwickelte sich nach und nach zu einem echten Profi. Selbstverständlich bekam Jerry nach der Arbeit vor der Kamera jedesmal viel Lob: ich tollte mit ihm herum und geizte auch nicht mit den Streicheleinheiten, die ihm bald nicht nur von mir, sondern unaufgefordert vom gesamten Team erteilt wurden. Dieser Schlingel hat es in allerkürzester Zeit fertiggebracht, der Liebling der ganzen Mannschaft zu werden.

Untrüglicher Instinkt

Inzwischen war es für Jerry schon eine gewohnte Sache, von zu Hause mit der „rollenden Kiste" ins Glottertal zum Drehen zu fahren, dort ein paar Tag zu bleiben und wieder zurückzubrausen. Bei den Autobahnraststätten hatten wir jedesmal Erfolgserlebnisse. Fast alle Leute sprachen Jerry an: „Was bist du für ein schöner Hund!" – „Schau mal, was der für ein lustiges Gesicht hat." – „Mami, ich will auch so einen Wuschelhund." Jerrys spitzbübische und liebe Art brachte es fertig, daß man ihm unaufgefordert eine Schüssel Wasser hinstellte, manchmal dazu auch noch ein Würstchen servierte. Dabei vergaß man oft völlig, mich zu fragen, ob ich nicht auch Hunger und Durst hätte. Wir kamen gerade wieder einmal von so einem erfolgreichen Gaststättenbesuch und setzten unsere Fahrt in den Schwarzwald fort. Normalerweise blieb Jerry brav auf dem Rücksitz liegen, er kannte die Strecke gut und wußte, daß er sich in Geduld üben mußte. An diesem Tag benahm er sich anders als sonst. Unruhig setzte er sich von einer Ecke in die andere, stand auf, schaute gebannt aus dem Fenster und sprang plötzlich mit einem Satz auf den Vordersitz – und mir direkt auf den Schoß. Für einen Augenblick verlor ich die Kontrolle über den Wagen – gottseidank war nicht viel Verkehr – dann hatte ich alles wieder im Griff und versuchte, meinen vierbeinigen Freund zur Raison zu bringen: „Jerry, geh sofort auf deinen Platz!" Er gehorchte nicht, erst nach zweimaligem bestimmten Kommando verzog er sich widerwillig von meinem Schoß. Ab und zu warf ich einen Blick in den Rückspiegel und konnte Jerrys Unzufriedenheit deutlich sehen. Diesmal spürte ich auch, wie er wieder zum Sprung nach vorne auf meinen Schoß ansetzte. Das konnte ja heiter werden! Wenn Jerry nicht mehr auf meine Kommandos hörte und unbedingt das Steuer übernehmen wollte, war an Weiterfahren nicht zu denken. Und im Glottertal warteten die Kameras auf uns! Jede Minute Verspätung kostet beim Film viel Geld. Was war bloß in Jerry gefahren? Ich konnte mir seinen Ungehorsam nicht erklären. Beim dritten Sprung nach vorne hielt ich schließlich bei einer großen Wiese an: ein Auslauf war jetzt sicher das einzig Richtige. Wenn ich glaubte, er würde sein Geschäft verrichten, hatte ich mich getäuscht; er dachte gar nicht daran, das Bein zu heben. Also stiegen wir wieder ins Auto und fuhren weiter. Nach kurzer Zeit begann das Spielchen von neuem. Er zwang mich, sehr langsam zu fahren. Irgendwas hatte dieses Verhalten zu bedeuten. Nur was? Ich mußte es herausfinden. Am besten war es, sich in Ruhe mit ihm zu unterhalten – aber nicht beim Fahren. Also hielt ich wieder an. In diesem Augenblick hörten wir ein unheimliches Getöse, ich schaute nach oben und traute meinen Augen nicht: drei riesige Felsbrocken stürzten mit rasender Wucht fünfzig Meter vor uns auf die Fahrbahn. Jerry kuschelte sich in meine Arme und leckte mir die Hand. Vor Schreck wie gelähmt, brauchte ich einige Zeit, um zu begreifen, daß er gestreichelt werden wollte. „Danke, Jerry, du hast uns das Leben gerettet." Daß Tiere ein Unglück vorausahnen können, habe ich zwar schon oft gelesen, aber meine Skepsis solchen Berichten gegenüber war bis zu diesem Moment immer sehr groß gewesen. Jetzt hatte mich Jerry überzeugt. Trotzdem habe ich diese Geschichte niemandem erzählt, aus Angst ausgelacht zu werden.

Nach diesem Zwischenfall, der für mich einem Wunder nahekam, hatten wir nochmal Glück: unsere Verspätung fiel überhaupt nicht ins Gewicht, wir mußten sogar noch warten, bis Jerry mit seiner Szene an die Reihe kam. An diesem Drehtag war ich nicht ganz bei der Sache, ich war unkonzentriert und durcheinander, und Jerry spürte das natürlich. Als er auf mein Zeichen hin in Professor Brinkmanns Arme springen sollte, klappte es einfach nicht. Nach wiederholten Versuchen gab ich auf. Jerry wollte partout nicht springen, also nahm ich ihn hoch und warf ihn seinem Filmherrchen aus einem Meter Entfernung in die Arme. Das war das einzige Mal, daß nicht alles so funktionierte, wie es im Drehbuch vorgesehen war.

Nach diesem aufregenden Tag waren wir glücklich, endlich im Hotel zu sein. Wir fuhren mit dem Fahrstuhl in den zweiten Stock, dort war unser Doppelzimmer, das wir jedesmal bekamen. Die Filmproduktion wußte, was sich gehörte, für ihren kleinen Star machte sie jedenfalls alles, er sollte sich ja schließlich wohl fühlen. Vom Wiener Schnitzel bis zur Wärmflasche, die er einmal wegen einer Magenverstimmung brauchte, wurde alles prompt besorgt. Eine so liebevolle

Betreuung ist nicht immer selbstverständlich, deshalb möchte ich mich an dieser Stelle in Jerrys Namen bedanken. Wir standen also vor unserer Zimmertür, ich steckte den Schlüssel ins Schloß, und nichts ging auf. Jerry lief auf die andere Flurseite und kratzte an einer fremden Tür. Auf mein Rufen reagierte er nicht. Er versuchte, mit seinen Pfoten die Türklinke niederzudrücken. Endlich schaute ich auf die Zimmernummer und begriff, daß ich vor der falschen Tür stand. Auch diesmal war Jerry mir weit voraus. Mir wurde wieder einmal klar, daß wir Menschen unseren Instinkt verkümmern lassen, und ich nahm mir vor, etwas dagegen zu unternehmen. Von meinem Jerry, diesem Promenadenmischling, eine Kreuzung aus Schnauzer, Chow-Chow und Pudel, konnte ich noch viel lernen.

Jerry und Ken

K en ist einer von meinen beiden Löwen. Vielleicht sollte ich unser Zuhause einmal etwas näher beschreiben: bei uns gibt es zwei Hauptabteilungen, die eine ist die Hundeschule und die andere die Filmtierfarm. Beide sind streng voneinander getrennt. Die Raubtierabteilung, zu der zur Zeit zwei Löwen, ein Tiger, zwei Schwarzbären und wahrscheinlich bald auch ein Puma gehören, ist so abgesichert, daß kein Hund in die Nähe der Raubtiere kommen kann. Die Sicherheitsauflagen der Behörden sind äußerst streng, und laut Aussage eines Zoodirektors ist unsere Raubtieranlage fünfmal sicherer als die Anlage in einem zoologischen Garten. Jerry kann also nicht einfach zu Ken laufen oder umgekehrt, wenn wir es nicht wollen. Jerry und Ken kennen sich nur vom Sehen – und das aus gebührender Entfernung. Bald sollte sich das ändern.

Ken ist im Gegensatz zu Jerry ein erprobter Filmlöwe, er ist schon in sehr vielen Filmen aufgetreten und kann ein richtiges Handwerk als Schauspieler vorweisen. Auch in der *Schwarzwaldklinik* spielt er zusammen mit mir eine wichtige Rolle. Was aber für noch mehr Aufsehen und in vielen Zeitungen für Schlagzeilen sorgte, war ein nicht vorhergesehener Zwischenfall: während der Dreharbeiten in dem kleinen Schwarzwaldort Löffingen schnappte Ken spielerisch nach dem Bein von Regisseur H.-J Tögel und erwischte dabei etwas mehr als nur ein Stück Haut. Ken war dabei keineswegs aggressiv, sonst hätte ich mit ihm nicht weiterarbeiten können, und „sein Opfer" gab damals öffentlich zu, daß es nur durch sein eigenes Fehlverhalten zu diesem Unfall gekommen war. Was für ein Mann, er hatte volles Verständnis für Ken und war ihm nicht einmal böse! Meistens ist es ja so, daß ein Raubtier, wenn es von Menschen durch unbewußt falsches Reagieren zu einer für ihn instinktiv richtigen Reaktion veranlaßt wird, sofort als Bestie und Killer abgestempelt wird. Doch H.-J. Tögel und das gesamte Filmteam haben sich großartig verhalten. Das aber nur am Rande.

In einer anderen Folge mit Ken und mir sollte nun auch Jerry mitspielen und sich in die Nähe des Löwen wagen. Dafür mußte ich die beiden erstmal zu Hause bei einem gründlichen Vortraining freundschaftlich zusammenbringen. Während der Dreharbeiten durfte es ja keine Panne geben. Getrennt durch ein enges, stabiles Raubtiergitter gewöhnten sich Ken und Jerry langsam aneinander. Wichtig war, daß die Distanz zwischen ihnen nach und nach verringert wurde. Es durfte nicht passieren, daß Jerry dabei einen Schock bekam, er hätte sich später nie mehr in die Nähe des Löwen gewagt. Jerry begriff sehr schnell, daß er durch das Gitter geschützt war. Er lief an Ken heran, „verbellte" ihn ein paarmal und blieb dicht am Gitter stehen; er hatte keine Angst. Jetzt entfernten wir das Gitter und legten Ken zwei Stahlseile an. Auch Jerry wurde an einer stabilen Leine gehalten, denn nachdem er sich an Ken gewöhnt hatte, traute ich ihm zu, sich schwanzwedelnd neben den Löwen zu setzen, und das wäre doch zu gefährlich gewesen. Alles verlief nach Wunsch. Nun ließ ich Ken in den Garten, wo er sich gleich unter seinem Lieblingsbaum niederließ. Nachdem er wieder mit zwei Stahlseilen angebunden war, wurde Jerry von der Leine gelassen. Laut Drehbuch mußte er auf den Löwen zulaufen und fünf Meter vor ihm stehenbleiben, sonst würde er für die Kamera nicht mehr „im Bild" sein. Aber näher durfte er aus „sicherheitstechnischen" Gründen nicht heran-kommen. Jerry lief auf Ken zu, stoppte aber schon zehn Meter vor ihm. Er war nicht zu bewegen, näher heranzugehen. Mir wurde klar warum, beim Training vorher war das schützen-de Gitter da, das ihn bestärkte und ihm Mut machte, und später gab ihm die Leine diese Sicherheit. Jetzt war er ganz auf sich gestellt und doch nicht so leichtsinnig, wie ich angenommen hatte. Wir probierten es immer und immer wie-der, Jerry war jedoch nicht zu überreden. Mir fiel der Trick mit der kleinen Katze ein, aber diesmal wußte ich, daß es mir nicht gelingen würde, das Kätzchen so nahe an den Löwen heranzubrin-gen. Aber Jerry hatte ja noch eine Freundin, eine Chihuahua-Hündin, die mit uns zusammen im Haus lebt. Ich nahm dieses winzige Wesen und setzte es auf die sogenannte Fünf-Meter-Marke. Seltsamerweise zeigte dieser Winzling über-haupt keine Angst vor dem Löwen. Um kein Risi-ko einzugehen, stülpte ich der Kleinen einen ein Meter hohen Drahtkäfig über. Dann schickte ich Jerry los, und siehe da, als er seine kleine Freun-din dort sitzen sah, lief er schnurstracks zu ihr. Immer wieder schickte ich Jerry hin und rief ihn wieder zurück; nur Ausdauer und Geduld führen schließlich zum Ziel. Der nächste Schritt war nun, die Hündin aus dem Drahtkäfig herauszunehmen. Gespannt beobachtete ich meinen Jerry: auf mein Kommando setzte er sich in Bewegung und lief tatsächlich bis zu dem leeren Käfig. Der Rest war ganz einfach, der Käfig wurde ebenfalls weggenommen und die fünf Meter Entfernung mit einem Stöckchen markiert. Es klappte vorzüglich. Ken schien das alles überhaupt nicht zu interessieren, majestätisch gelangweilt lag er unter dem Baum, ignorierte die Drahtseile und blinzelte uns manchmal schläfrig an. Ich ließ mich von seinem Gehabe aber nicht zu sehr beeindrucken, sondern war auf der Hut. Bei Raubtieren hat dieses schläfrige Verhalten nichts zu bedeuten, sie können in Bruchteilen von Sekunden einen Sprung von geballter Kraft ausführen.

Diese Szene wurde im Garten von Professor Brinkmann gedreht: für das Filmteam waren entsprechende Sicherheitsmaßnahmen getroffen worden. Der Löwe Ken lag drehbuchgerecht da, und Jerry stürmte auch drehbuchgerecht aus der hintersten Ecke des Gartens hervor, stoppte – mir blieb fast das Herz stehen – ja, er stoppte tatsächlich an der Fünf-Meter-Markierung. Ich atmete erleichtert auf – na und jetzt? Warum „verbellte" er den Löwen nicht, wie es drehbuchgerecht sein sollte? Jerry dachte nicht daran, seinen Freund Ken, dem er zwar Respekt und Achtung entgegenbrachte, an den er sich inzwischen jedoch gewöhnt hatte, zu beschimpfen, nur weil das so im Drehbuch stand. Ich konnte ihm deswegen auch nicht böse sein. Auf lange Diskussionen mit Jerry konnte ich mich aber jetzt nicht einlassen. Es gab nur eins: ein Stück Wiener Schnitzel. Ich stellte mich neben die Kamera, in zirka zwanzig Meter Entfernung von Jerry, und hielt das Schnitzel hoch. Dann gab ich ihm das Kommando zum „Lautgeben". Nach zwei Versuchen wußte er, was ich von ihm wollte. Er stürmte heran, blieb auf der markierten Stelle stehen, „verbellte" Ken und zog sich dann auf mein Handzeichen scheinbar ängstlich vor dem Löwen zurück. Die Einstellung war „im Kasten", wie die Filmleute sagen, und alle applaudierten. Kein Wunder, bei zwei solchen Filmprofis.

Ken hatte noch eine andere Szene zu drehen, ohne Jerry. Als die erste Einstellung geprobt wurde, sah ich, wie sich Jerry einen besonders guten Platz aussuchte, um seinen „Kollegen" zu beobachten: ‚Im Auto ist es ideal, von da aus hab' ich den gesamten Überblick, stör' niemanden und bin auch noch geschützt. So gern ich Ken mag, und wenn er sich meistens auch so verhält, als könnte er keiner Fliege etwas zuleide tun, bin ich trotzdem vorsichtig. So ein Löwe ist halt doch was anderes als unsereins. Irgendwo hab' ich mal aufgeschnappt, er sei der „König der Steppe". Und wenn ich ehrlich bin, muß ich neidvoll zugeben, daß er was Majestätisches hat. Jetzt zum Beispiel, wie er alles gelassen auf sich zukommen läßt – dagegen bin ich ja richtig hektisch – und wie er ganz cool dieses magische Auge einfach ignoriert, so als sei es überhaupt nicht vorhanden. Joe hat schon recht, wenn er immer von Kens „Handwerk" schwärmt. Jetzt weiß ich endlich, was das ist, davon werd' ich mir eine Scheibe abschneiden. Aber diese ‚Steppe', was das wohl für ein fremdes Land sein mag? Es ist bestimmt weit weg von hier. Wie kommt es dann, daß Ken bei uns geboren ist? Das muß er sein, denn Joe hat mal etwas von Ken als Babylöwen erzählt. Wenn man seine Gedanken zu Ende denkt, so wie ich jetzt, stößt man unweigerlich in ein Wespennest. Das meine ich nicht bildlich, sondern schmerzlich. Mein Urinstinkt sagt mir, daß Ken eine tiefe Sehnsucht und Heimweh nach die-

66

sem Steppenland hat – deshalb schaut er oft so melancholisch – aber das Schmerzliche dabei ist, daß er dort wahrscheinlich gar nicht mehr leben könnte, weil er erst lernen müßte, sich als König in diesem Land zu behaupten. Armer Ken, da geht es mir als ordinärem Promenadenmischling weitaus besser. Obwohl manchmal sogar ich von unerklärlicher Sehnsucht gepackt werde, besonders, wenn ich im Wald bin. Da drängt es mich regelrecht, auf und davon zu laufen. Oft hab' ich so einen bestimmten Klang von wildem Heulen im Ohr, wenn ich dann aber ganz still bleibe, merke ich, daß es gar nicht aus dem Wald kommt, sondern in mir ist.

Schau an, jetzt hat Ken doch gleich beim ersten Mal alles richtig gemacht. Bravo, Ken! Die Ovationen – so nennt man doch dieses Händeklatschen – hat er verdient. Aber was macht denn der „Obermotz"? Der ist ja ganz aus dem Häuschen vor Freude und vergißt jede Vorsichtsmaßnahme. Joe muß ihm doch gesagt haben, daß Ken ein Löwe ist und kein Schmusekätzchen. Bestimmt hat er das vergessen, sonst würde er nicht einfach auf Ken zugehen – der ist ja kein Hund wie ich –, sondern der „König der Steppe". Also etwas mehr Respekt bitte! Ein bißchen Angst wär' gar nicht unangebracht. Ich würde mich nicht so nah an Ken herantrauen, allein die großen Löwenpfoten sind beeindruckend, von dieser Riesenschnauze ganz zu schweigen. Jetzt steht der „Obermotz" tatsächlich neben Ken, und Ken scheint das sogar zu freuen. Wahrscheinlich will er gelobt werden und seine Streicheleinheiten bekommen. Das ist ganz natürlich, Ken ist genauso liebesbedürftig wie ich. Was macht mein Freund denn jetzt? Mit seiner dicken Pfote faßt er liebevoll nach dem Bein vom „Obermotz". Wenn das bloß gutgeht! Ken, paß auf, der „Obermotz" ist nicht der Joe, mit dem mußt du anders umgehen. Ich hab's gewußt, der „Obermotz" hält nicht so viel von Kens Liebkosungen – ich kann's ihm ja nicht verübeln – und versucht, sein Bein wegzuziehen. Das versteht Ken bestimmt nicht, wo er doch so auf Liebesbezeugungen aus ist. Endlich mischt Joe sich ein, er wirft sich zwischen Ken und den „Obermotz", aber Ken hat schon ein Stückchen Haut oder sogar ein Häppchen Fleisch im Maul. Verdutzt schaut er Joe an und bekommt schon wieder melancholische Augen. Das ist nochmal glimpflich abgegangen. Mal sehen, was es für Folgen haben wird.

Ich bin wieder einmal in meinem geschützten

Auto und schaue Ken bei der Arbeit zu. Diesmal kann ich mir ein Lachen nicht verkneifen, denn nicht Ken ist in einem Käfig, sondern all die anderen, außer Joe natürlich. Das magische Auge sucht sich seinen Weg durch die Gitterstäbe. Aber der „Obermotz" ist prima, er arbeitet einfach mit Ken weiter und ignoriert sein lädiertes Bein. Er hat wohl eingesehen, daß ein „König der Steppe" mit uns ‚Kroppzeug' nichts gemein hat und daß eine gebührende Distanz angebracht ist. Warum soll es ihm anders gehen als mir?'

Drehfreie Tage

Manchmal hatten wir während der Dreharbeiten einige Tage Pause, aber da unser Zuhause nicht gerade um die Ecke ist, lohnte sich für diese kurze Zeit eine so weite Reise nicht. Wir blieben in Titisee und genossen die freien Tage. Im Ort hatte es sich herumgesprochen, daß Jerry der Hund aus der *Schwarzwaldklinik* ist, und wenn wir spazierengingen, wurde er von allen Leuten bestaunt und angesprochen. Mir war der Rummel fast zu viel, aber Jerry genoß seine Popularität. Nach wie vor gefallen ihm die Gaststätten, wo man ihn jedesmal verwöhnt, am besten. Leider hat sich durch diese Besuche eine Unart bei ihm eingeschlichen, die ich ihm bis heute noch nicht abgewöhnen konnte. Jedesmal während ich esse, spaziert Jerry still und heimlich zu den anderen Tischen und läßt sich von den Leuten kraulen. Er stellt das so geschickt an, daß ich es oft gar nicht bemerke oder meistens erst dann, wenn er sich befriedigt und gesättigt wieder zu mir unter den Tisch legt.

Er machte auch diesmal keine Ausnahme. Wir waren in einem Restaurant mit Blick auf den See, angenehmer Bedienung und hervorragendem Essen. Während ich die Speisen genoß und träumend die glitzernde Wasseroberfläche betrachtete, in der sich die rasch ziehenden Wolken spiegelten, trickste mich Jerry wieder mal voll aus. Ich hatte es verdient, warum schaute ich auch so versunken in die Gegend und kümmerte mich nicht um meinen Hund. Nach dem köstlichen Mahl gingen wir zum See und mieteten uns ein Boot. Rudern ist für mich ein gutes Training, um fit zu bleiben, und Jerry mag das sanfte Schaukeln auf den Wellen sehr. Stolz sprang er nach vorn ins Boot, setzt sich aufrecht hin und schaute sich die Landschaft und die Leute genau an, die ihn natürlich sofort erkannten, ihre Fotoapparate zückten und drauflos knipsten. Wenn er genug vom Posieren hatte, kam er zu mir in die Mitte des Bootes, legte sich platt auf den Boden und sah mir beim Rudern zu.

Natürlich nutzten wir die Freizeit auch, um Jerrys Lieblingsbeschäftigung, dem Laufen, zu frönen. Laufen ist für Hunde ein reines Lebenselexier, sie gehören nämlich zu den sogenannten „Lauftieren", und Bewegung ist außerordentlich wichtig.

Die Verhaltensstudien an meinen Wölfen und Dingos haben gezeigt, daß diese Lauftiere in permanenter Bewegung sind; ihr Tagesablauf ist zu siebzig Prozent davon bestimmt. Wenn man das weiß, kann man vielleicht nachempfinden, was ein Hund leidet, der nur zweimal in der Woche seinen Auslauf bekommt oder gar sein ganzes Leben lang an einer kurzen Kette angebunden ist und nur dann freigelassen wird, wenn seinem Besitzer der Sinn danach steht. So ein Leben ist die reinste Hölle. Leider gibt es immer noch viel zu viele Hundebesitzer, die eine solche Einstellung Tieren gegenüber haben und die sich wundern, wenn ihr Hund verhaltensgestörte Reaktionen zeigt. Je mehr „Urhund" in einer Rasse vorhanden ist, desto größer ist der Bewegungsdrang. Durch die Domestikation haben unsere Hunde, je nach Rasse, mehr oder weniger vom Urverhalten des Wolfes verloren; am wenigsten ist ihnen der Bewegungsdrang abhanden gekommen. In meiner Hundeschule habe ich oft festgestellt, daß aggressives Verhalten meistens durch Bewegungsmangel ausgelöst wird. Das muß aber nicht bei allen Hunden so sein; natürlich gibt es noch andere Gründe, die Aggressionen hervorrufen. Bei Jerry jedenfalls, der ja ein

Mischlingshund ist und noch richtiges Urverhalten in sich hat, war diese Methode, Aggressionen durch Bewegung abzubauen, genau das Richtige. Wenn er auf Mäusejagd geht, leidenschaftlich nach Maulwürfen buddelt oder eine Wildfährte aufnimmt, ist er vollkommen glücklich und ausgeglichen; er läßt sich von seinem Urinstinkt treiben. Wie schlimm es ist, wenn er in seiner Bewegungsfreiheit eingeschränkt wird, sollte ich bald erfahren:

Eines Morgens nach dem Frühstück zog ich meine Turnschuhe an, eine Handlung, die Jerry jedesmal in helle Aufregung versetzt – mitlaufen bei Wind und Wetter, was kann es Schöneres geben. Wie der Blitz schoß er aus dem Zimmer, blieb nicht an der Fahrstuhltür stehen, denn er wußte genau, wenn ich die Turnschuhe anhatte, wurde die Treppe benutzt. Laut bellend, nicht gerade zur Freude der anderen Hotelgäste, lief er aufgeregt den Flur entlang und die Treppe hinunter. Im Wald angekommen, absolvierten wir erstmal unseren Jogginglauf, von dem Jerry immer restlos erschöpft ist. Er verausgabt sich auch viel mehr als ich, denn er legt mindestens die dreifache Strecke zurück, weil er jedesmal weit vorausläuft und dann wieder zu mir zurück.

Nach der verdienten Ruhepause gingen wir über grüne Wiesen zu einem der vielen Bergbäche. Das Wasser schien reißend dahinzuschießen, aber Jerry machte das nichts aus, immer wieder sprang er hinein, und ich stellte beruhigt fest, daß es im Grunde ein sanft fließender Bergbach war. Jerry war ganz vernarrt in die Forellen, wenigstens eine mußte er doch erwischen, aber jedesmal schlug seine langhaarige Pfote unbeholfen ins Leere. Endlich begriff er, daß die Forellen schneller waren als er, und gab enttäuscht auf. Was konnte man jetzt unternehmen? Überall lagen große Felsbrocken herum, darauf herumzuklettern hatte bestimmt auch seinen Reiz. Ich hätte Jerry lieber dabei zusehen sollen als mitzumachen, denn durch einen ungeschickten Fehltritt verstauchte ich mir gehörig den Knöchel. Während ich humpelnd nur langsam vorwärtskam, sprang Jerry besorgt um mich herum. Er hatte auch recht, sich Sorgen zu machen, aber nicht um mich, sondern um sich selbst. Da ich gezwungen war, meinen Fuß ein paar Tage zu schonen und ständig kalte Umschläge zu machen, war es mit unserem allmorgendlichen Waldlauf vorbei. Jerry mußte sich mit einem normalen Auslauf, wie ihn jeder Hund eben bekommt, wenn er nur „Gassi geht", begnügen. Offensichtlich war das lange nicht genug für ihn, das gewohnte Sich-Austoben fehlte ihm, er wurde regelrecht schwermütig und auch unkonzentriert.

Der große Frust

Die drehfreien Tage waren vorbei, und das hieß für uns wieder voller Einsatz vor der Kamera. Aber diesmal machte sich Jerrys Zustand bemerkbar: in einer Szene sollte er laut bellen, das ist für ihn das Einfachste von der Welt. Als ich ihm das Kommando gab, traute ich meinen Ohren nicht, wir hörten mehr ein Piepsen als ein Bellen, und der Regisseur schaute mich überrascht an: „Kann er denn nicht lauter?" Natürlich konnte er, aber ich wußte nicht, was ich tun sollte, um ihn aus seiner Depression zu holen. Ich streichelte ihn und versuchte ihn aufzumuntern: „Jerry, so ein klägliches Bellen hab' ich ja noch nie gehört. Zeig denen doch mal, was für eine kräftige Stimme du hast." Er schaute mich traurig an, stellte seine kleinen Ohren aber etwas hoch. Wir versuchten es noch einmal. Als er auf mein „Gib Laut!" nur zögernd reagierte, blieb mir nur noch das Zauberwort „Ausgehen". Seine Augen leuchteten auf, jetzt legte er richtig los. Das Wort

76

regte ihn sehr auf – war es doch mit viel Laufen verbunden –, und die ganze Emotion äußerte sich im Bellen. Die Einstellung war „gestorben" – auch so ein Ausdruck unter den Filmleuten, wenn alles in Ordnung ist und die Einstellung nicht wiederholt werden muß –, Jerry quietschvergnügt, ich humpelnd, machten uns auf den Weg ins Hotel. Dort behandelte ich erstmal meinen Knöchel, der durch das viele Herumstehen wieder sehr geschwollen war; dann ging ich ins Schwimmbad. Diese körperliche Betätigung war ich meinen Muskeln schuldig. Jerry durfte natürlich nicht mitkommen, er wartet sonst auch immer brav auf dem Zimmer. Ich schwamm ein paar Runden, brachte aber nicht die nötige Ruhe auf, mich zu entspannen, irgendwie drängte es mich zu Jerry zurück. Als ich die Tür aufschloß, wollte ich es nicht glauben: Jerry lag mitten im Zimmer, um ihn herum verbreitete sich ein wahrer Konfettiregen, verstreute Reste einer Wolldecke, die er in kleine Fetzen zerbissen hatte. Und einen meiner Hausschuhe hatte dasselbe Schicksal ereilt. Jerry begrüßte mich nicht schwanzwedelnd, wie das sonst seine Art ist, beschämt senkte er seinen Blick und schaute auf das Chaos um ihn herum. Er spürte meinen Ärger und war darüber traurig. Da ich ihn nicht auf frischer Tat ertappt hatte, durfte ich ihn auch nicht bestrafen. Außerdem wollte ich keinen Vertrauensbruch heraufbeschwören; Vertrauen war doch unsere Lebens- und Arbeitsgrundlage. Ich begnügte mich damit, ihn kurz auszuschimpfen. Die Sache war klar: sein Verhalten war ein sogenanntes „Ventilverhalten", das sich in einem Zerstörungsakt Luft gemacht hatte. Es war das erste Mal, daß Jerry sich an Gegenständen vergriffen hatte und da er nicht mehr in der pubertären Phase war, konnte es nur meine Schuld sein. Durch die mangelnde Bewegung war er ohnehin schon deprimiert und auch gereizt, und dann machte ich einen großen Fehler: mit dem Wort „Ausgehen" hatte ich ihm ein Versprechen gegeben, von dem ich wußte, daß ich es nicht halten konnte. Das lächerliche „Gassigehen" war für ihn nur ein Tropfen auf den heißen Stein; allein im Hotelzimmer mußte er seine Enttäuschung vergessen und seine Wut abreagieren. Ich bat Jerry um Verzeihung, und plötzlich fiel mir eine Lösung ein: ein Fahrrad mußte her, so schnell wie möglich. Ein Fahrer vom Filmteam besorgte es mir am nächsten Tag. Jerry war Feuer und Flamme, wenn er mich in die Pedale treten sah, lief er doppelt so

78

schnell, er wollte mit dem Stahlroß in Konkurrenz treten, und das gelang ihm auch sehr gut. Jetzt war Jerry wieder so ausgeglichen wie früher, das Fahrrad wirkte Wunder.

Arbeit im Filmstudio

Von den Dreharbeiten an Originalschauplätzen wechselten wir nun ins Hamburger Filmstudio über, dort wurde die Wohnung von Professor Brinkmann naturgetreu nachgebaut, und in dieser Kulisse drehten wir. Für Jerry bedeutete das eine große Umstellung, er war bisher nur Außenaufnahmen gewöhnt, ein Filmstudio hatte er noch nie betreten. Ich wußte, daß schwere Zeiten auf uns zukommen würden und war froh, daß es sich nur um einige Drehtage handelte. Diese „Innendrehs" haben den Nachteil, daß die vielen Scheinwerfer, die unentbehrlich sind, eine fürchterliche Hitze erzeugen. Uns allen machte das zu schaffen, aber für den armen Jerry, der die Hitze haßt und sich auch zu Hause am liebsten in kühlen Räumen aufhält, war es besonders schwer. Inzwischen wußte er, was er seinem Beruf als Schauspieler schuldig war – von Ken hatte er einiges gelernt – und ging mit viel Disziplin und Handwerk an die Arbeit, obwohl es nicht zu übersehen war, daß er das Studio höchst ungern betrat und ihn jede Einstellung sehr anstrengte. Auch sein Wiener Schnitzel konnte ihn nur wenig aufheitern. Das ging soweit, daß Jerry am zweiten Tag, als er den Taten eines Bankräubers wohlgesonnen zusehen und die hinzukommenden Polizeibeamten anbellen sollte, nicht drehen konnte. Er hatte anscheinend Magenkrämpfe. Alles war in heller Aufregung, Jerry wurde sofort zum Tierarzt gebracht, der außer einer leichten Magenverstimmung gottseidank nichts Gravierendes feststellte. Im Hotel lag schon eine Wärmflasche bereit, die fürsorgliche Aufnahmeleitung hatte an alles gedacht. Daß es besser gewesen wäre, gleich zwei zu besorgen, das konnte sie ja nicht ahnen. Der Gedanke allein, daß Jerry Schmerzen hatte, machte mich selbst ganz krank. Auch mein Magen fing zu rebellieren an, und ich mußte mir etwas aus der Apotheke holen. Den Erfolg, den ich bei der Arbeit mit Tieren habe und der zweifellos darin liegt, daß ich mit ihnen so verwachsen bin, muß ich eben auf diese Art und Weise bezahlen. Zwischen Jerry und mir ist die Freundschaft und die Verbundenheit besonders groß, dementsprechend waren auch meine Magenschmerzen. Am nächsten

81

Morgen erkundigte sich das gesamte Filmteam, wie es uns denn ginge, oder besser gesagt, sie fragten: „Wie geht es dir denn, Jerry?" Ich war nicht interessant genug. Nachdem wir fast schon soweit waren, die Dreharbeiten abzubrechen, übernahm Jerry die Initiative. Er stellte sich vor die Kamera und bellte sie an. Der reaktionsschnelle Kameramann drehte gleich mit, und die eine Einstellung war im Kasten. Seit sich Jerry wohler fühlte, besserten sich auch meine Magenschmerzen, und ich versuchte den Streß im Studio durch lange Spaziergänge an der Alster auszugleichen. Außerdem bekam Jerry viel mehr Streicheleinheiten als sonst. Im Laufe der Zeit hat er sich auch an die Studioarbeit gewöhnt, aber über Außenaufnahmen geht natürlich nichts, sie hat er am liebsten.

Jerry und die Liebe

Wo sie hinfällt diese Liebe, man kann es einfach nicht bestimmen. Die Natur hat uns fest im Griff, und es bleibt uns nichts anderes übrig, als uns ihren Gesetzen zu fügen.

So passierte es, daß Jerry gleich zweimal hintereinander von Amors Pfeil getroffen wurde. Das erste Mal war es während der Dreharbeiten, und ich frage mich, warum ausgerechnet da? Jerry begegnet täglich vielen Hundedamen, auf der Straße und auch im Wald, warum muß ihn die Liebe gerade beim Drehen erwischen? Wie man weiß, führt das nur zu unnötigen Komplikationen, besser ist es, das Gefühlsleben vom Beruf zu trennen. Das wäre auch in diesem Fall angebracht gewesen: In einer Fernsehfolge sollte Jerry Vater von sechs Pudelhunden werden. Die Pudelhündin, die gerade Junge bekommen hatte, war von mir in Abstimmung mit der Produktion ausgesucht worden. Die Geburt der Kleinen verlief reibungslos, aber kurz danach bekam die

Hündin eine Infektion. Sie ist daran gestorben. So traurig das war, wir konnten die Produktion nicht abbrechen. Zwei Tage hatten wir Zeit, um eine neue Hündin mit Welpen zu besorgen. Alle Telefonate, von Hundezüchtern bis zu Tierheimen, waren vergeblich, niemand konnte uns eine Hundemutter mit Jungen zur Verfügung stellen. In meiner Verzweiflung rief ich den Süddeutschen Rundfunk an, er sollte über Radio durchgeben, daß wir für die *Schwarzwaldklinik* dringend eine Hündin mit Welpen brauchten. Das Resultat war vielversprechend, so viele Anrufe hatten wir gar nicht erwartet. Leider waren alle Welpen schon zu alt. Am nächsten Tag kam dann der richtige Anruf: eine Pointerhündin hatte vor zwei Wochen geworfen; sie mit ihren Jungen paßte genau. Jerry war der gleichen Meinung, nur mit der Nuance, daß er sich ausschließlich für die Mama interessierte und nicht für ihre Kleinen, deren Vater er laut Drehbuch sein sollte. Es hatte ihn erwischt und nicht zu knapp. Die Hündin lag hinter dem Haus in einem Korb, die Welpen davor. Jerry sollte nun den stolzen Vater spielen. Diese Rolle gefiel ihm überhaupt nicht, viel lieber hätte er den Part des Romeo übernommen; bei so einer Partnerin lag das auf der Hand. Aber

ein Schauspieler kann sich seine Rolle nicht aus-
suchen, er muß sich fügen. In diesem Fall habe ich
Jerry etwas unterstützt; er brauchte meine Hilfe,
um aus seinem Liebestaumel wieder zur Filmar-
beit zu finden. Das war nur durch Whisky möglich. Ich wußte, daß Jerry diesen Geruch verab-
scheute. Nachdem ich das Fell der Hündin damit
eingerieben hatte, war sie nicht mehr interessant
für ihn, er schnupperte nur noch an den Kleinen
herum und setzte sich schließlich brav zwischen
sie. Die Szene war gerettet und die Hündin mit
ihren Jungen abgedreht. Jerry hat sie nie mehr
wiedergesehen.

Die Liebe ist unberechenbar

Das zweite Mal traf Amors Pfeil besser, diesmal bekamen wir jedenfalls keine Schwierigkeiten bei der Arbeit. Im Hotel war eine amerikanische Reisegruppe aus New Jersey angekommen und besetzte die Rezeption. Während ich mich bemühte, den Zimmerschlüssel zu ergattern, ging Jerry seine eigenen Wege. Das Hotel kannte er wie seine Westentasche. Beim Fahrstuhl trafen wir uns wieder. Ein älteres Ehepaar, das zu der Reisegruppe gehörte und einen neun Monate alten Rauhhaardackel bei sich hatte, fuhr mit uns in die zweite Etage. Der Kleine hieß Sir Henri, hatte ein gepflegtes glänzendes Fell und strahlende schwarze Knopfaugen. Jerry war hin und weg. Daß der Dackel auch ein Rüde war, störte Jerry keineswegs. Über solche Kleinigkeiten sah er großzügig hinweg. Wichtig war nur eins, zwischen den beiden hatte es gefunkt: Liebe auf den ersten Blick ist etwas sehr Aufregendes. Schon im Fahrstuhl, ein nicht gerade geeigneter Ort zum Spielen, begannen die beiden herumzutollen. Das Ehepaar war begeistert davon, noch nie hatten sie ihren Sir Henri so außer Rand und Band und so voller Charme gesehen, und als sich herausstellte, daß unsere Zimmer nebeneinander lagen, ging Jerry glücklich schlafen. Am nächsten Morgen hatte er nichts anderes im Sinn als seiner neuen Liebe nachzuspüren. Zuerst schnupperte er an der Nachbartür, dann am Fahrstuhl, und plötzlich hatte er es sehr eilig, in die Empfangshalle zu kommen, wo ihm Sir Henri prompt entgegenlief. Wir – die Menschen – waren diskret und kümmerten uns nicht weiter um die Begrüßungszeremonie, wir unterhielten uns in wohlgesetzten Worten über den Schwarzwald und darüber, warum Amerikaner so gern nach Deutschland kommen. Dabei bemerkten wir nicht, daß sich die beiden Hunde aus dem Staub machten. Nachdem alles Rufen nichts nützte, durchsuchten wir das Hotel, ebenfalls ergebnislos. Langsam wurde ich unruhig, es war Zeit, zum Drehort zu fahren. Dort ohne Jerry aufzutauchen, war ein lächerliches Unterfangen, man hätte mich nur mitleidig angeschaut. Ohne Jerry hatte ich nichts zu melden, er war als Schauspieler engagiert, nicht ich. Hoffentlich machten Jerry und Sir Henri keine Dummheiten, man wird schneller überfahren als man denkt, überhaupt dann, wenn man vor lauter Glück nicht weiß, wohin man läuft, und Hundefänger gibt es auch überall. Kurz entschlossen schwang ich mich aufs Fahrrad und fuhr die Gegend ab. Rund ums Hotel, auch in den Nebenstraßen, wo Jerrys geliebte Gaststätten und Metzgereien waren, konnte ich keine Spur von den beiden entdecken. Auf unserem täglichen Joggingpfad sah ich die Ausreißer dann endlich: brav trabten sie nebeneinander her, wie zwei Pferdchen. Plötzlich schoß Jerry los, auf einen Ast zu, packte sich ihn in die Schnauze, und weiter ging die Jagd. Sir Henri dachte nicht daran, sich einen anderen Ast zu suchen, nur der eine, genau der, den Jerry hatte, war interessant. Laut bellend lief der Dackel hinter seinem großen Freund her. Jerry verlangsamte das Tempo – es war klar, er wollte Sir Henri aufholen lassen –, ließ den Ast fallen und jaulte vor Freude, als ihn der Kleine aufnahm. Dann streckte Jerry seine Vorderpfoten weit nach vorne, das Hinterteil mit dem wild wedelnden Schwanz schnellte in die Höhe, und die zärtlich bellende Stimme animierte seine große Liebe zum „Fangenspielen". Es dauerte nicht lange, dann hatte er es geschafft, das strahlende „Knopfauge" ließ den Ast fallen und erwiderte Jerrys Aufforderung zum Spiel. So leid es mir tat, ich mußte dem Treiben ein Ende bereiten. Auf mein Rufen kam Jerry sofort zu mir, Sir Henri wollte anfangs nichts mit mir zu schaffen haben, überlegte es sich dann aber und trottete hinter Jerry her. Ich klemmte ihn mir einfach unter den Arm und radelte los. Mit stolz geblähter Brust lief Jerry neben uns her. Zuerst gab ich den Dackel bei dem netten Ehepaar im Hotel ab, dann packte ich meinen Jerry ins Auto, und wir fuhren zum Drehort. Es war allerhöchste Zeit. Zwei Tage waren Jerry vergönnt, Sie Henri sein Revier zu zeigen und seine Liebe auszuleben. Danach fuhren die Amerikaner wieder in die Staaten zurück. Es war kein trauriger Abschied, die beiden wußten ja nicht, daß sie sich zum letzten Mal sahen. Aber als Jerry merkte, daß Sir Henri nicht mehr im Hotel war, und er seine verzweifelte Suche endlich aufgab, war er ziemlich getroffen. Seine temperamentvolle Art war drei Tage lang gedämpft, obwohl ich alles versucht hatte, seine Stimmung zu heben. Unsere Joggingläufe verlegte ich in einen anderen Teil des Waldes, so hatte Jerry Gelegenheit, ein neues Revier auszukundschaften, und das half ihm doch etwas über seinen Liebeskummer hinweg.

Langeweile

Bei strahlendem Sonnenschein fuhren wir von zu Hause aus Meinholz, in der Nähe von Braunschweig, los. Je weiter südlich wir kamen, desto dunkler wurde der Himmel. Die breite Wolkenbank verdichtete sich zusehends, und die letzten Sonnenstrahlen verschwanden allmählich. Als wir in Titisee ankamen, regnete es in Strömen. Im Hotel lag eine Nachricht von der Aufnahmeleitung: der Drehplan hatte sich aufgrund des schlechten Wetters geändert. Heute kam Jerry auf gar keinen Fall mehr dran, und was morgen sein würde, stand zwar nicht in den Sternen, dafür um so deutlicher in den Wolken. Ich versuchte Jerry schonend beizubringen, daß wir uns aller Vorsicht nach auf Müßiggang einzustellen hätten. Die Szenen mit ihm konnten nur bei schönem Wetter gedreht werden, sonst würde der „Anschluß" nicht stimmen.

Beim Drehen kann kein chronologischer Ablauf eingehalten werden: der Drehplan – der lange

Tüfteleien erfordert und der meistens doch wieder geändert wird, wenn zum Beispiel wie jetzt das Wetter nicht mitspielt – richtet sich nicht nur nach Motiven, nach Tag- und Nachtzeiten, sondern auch nach Abkömmlichkeiten der Schauspieler und vielen anderen Dingen. Szenen, die im fertigen Film direkt aufeinanderfolgen, werden bei der Dreharbeit oft auseinandergerissen. Manchmal liegen zwei und mehr Wochen dazwischen. Einen Drehplan zu machen, kommt einem schwierigen Puzzelspiel gleich, mit dem Unterschied, daß das Puzzelspiel beendet ist, wenn man die Lösung gefunden hat. Beim Drehplan gibt es erst ein Ende, wenn der Film fertig ist. Bis dahin muß der Produktionsleiter flexibel bleiben und jederzeit seine Improvisationsfähigkeit beweisen. So wie jetzt. Die eine Szene mit Jerry hatten wir bei schönem Wetter begonnen, wir konnten sie schlecht bei strömendem Regen beenden. Die Produktionsleitung mußte sich etwas einfallen lassen und den Drehplan entsprechend ändern. Ich war froh, daß das nicht meine Aufgabe war.

Nachts hörte der Regen auf. Beruhigt drehte ich mich auf die andere Seite und schlief hervorragend bis zum nächsten Morgen. Nachdem ich den Wecker abgestellt hatte, warf ich einen Blick aus dem Fenster: die schwarzen Wolken hingen so tief, daß mich der bald einsetzende Schnürlregen nicht mehr überraschte. Langsam regnete es sich ein. An ausgedehnte Waldspaziergänge war nicht zu denken, wir mußten Jerrys Auslauf etwas einschränken. Mir schwebte auch eher eine Partie Schach vor, bei offenem Kaminfeuer und einem Glas Portwein, aber soweit hat es mein Jerry noch nicht gebracht; ihn interessieren keine intellektuellen Brettspiele. Fazit: keine Dreharbeiten, kein Herumtollen auf grünen Wiesen, keine Bootsfahrt und auch keine Jagd auf Mäuse, Maulwürfe oder Forellen. Ist das ein Leben? Wie soll man da einen ganzen Tag überstehen? Die Langeweile war nicht aufzuhalten. Schon nach kurzer Zeit wußte Jerry nichts mit sich anzufangen. Um sich abzulenken, sprang er ständig auf meinen Schoß und gleich wieder herunter. Schließlich nahm er mir das Buch, in dem ich las, aus der Hand und versteckte es. Dann drehte er sich wie ein Kreisel um sich selbst und versuchte vergeblich, seinen eigenen Schwanz zu erwischen. Das ging eine ganze Weile so. Das Erscheinen des Zimmermädchens versetzte ihn in helle Freude, alles was sie aufräumte, brachte er sofort wieder in Unordnung. Obwohl das Mädchen die doppelte Arbeit durch Jerry hatte, mochte sie ihn sehr gern und freundete sich schnell mit ihm an. Der Schlawiner hat auch eine besonders charmante Art entwickelt, Damen zu bezirzen.

Am dritten Tag – es regnete immer noch – begrüßte Jerry seine neue Freundin mit einem besonders freundlichen Wau-Wau, schwanzwedelnd lief er im Zimmer auf und ab und harrte der Aufräum- und Säuberungsaktion, die da kommen würde. Ich ergriff die Gelegenheit, um schwimmen und frühstücken zu gehen. Jerry war in bester Gesellschaft. Gemütlich trank ich meinen Kaffee und las die Zeitung von vorn bis hinten. Das verstörte Zimmermädchen, das völlig aufgelöst und den Tränen nahe vor meinem Tisch stand, unterbrach diese angenehme Tätigkeit. In ihrer heillosen Verwirrung redete sie so schnell auf mich ein, daß ich erst gar nicht verstand, was sie von mir wollte. Allmählich begriff ich, es handelte sich um Jerry. Mein Gott, er wird sie doch nicht etwa gebissen haben? Ich betrachtete sie genau, konnte aber nirgends eine Wunde entdecken. Das war es also nicht. Endlich sprach sie langsamer, und ich konnte ihren Worten folgen: „Mit dem Zimmer war ich fertig, nun verabschiedete ich mich von Jerry … er schaute mich verschmitzt an, packte seine Leine in die Schnauze und weg war er. Ich sah ihn nur noch den langen Gang entlangsausen und um die Ecke wetzen." So sehr mich die Nachricht erschreckte, ich blieb gelassen und versuchte, das Mädchen zu beruhigen: „Machen Sie sich keine Sorgen, es ist nicht Ihre Schuld. Meinen Jerry finde ich schon. Ganz bestimmt!" Ich war mir jedoch keineswegs sicher. Wieder einmal durchsuchte ich das ganze Hotel von oben bis unten. Ich konnte mir nicht vorstellen, daß Jerry bei diesem Wetter draußen herumlief. Das mußte er aber doch tun, denn im Hotel war er nicht. Also schwang ich mich auf das bewährte Fahrrad und nahm die Suche auf. Der Regen klatschte mir ins Gesicht, und in wenigen Minuten war ich durch und durch naß. In der Eile hab' ich nicht einmal einen Regenmantel angezogen. Das war auch egal, Hauptsache, ich fand meinen Jerry wieder. Den größten Erfolg versprach ich mir in seinem neuen oder alten Revier. Beides war falsch. Es gelang mir nicht, Jerry zu finden, dafür gelang mir etwas anderes, eine spektakuläre Bauchlandung im Schlamm. Der Waldboden war so aufgeweicht und glitschig, und da ich nicht gerade vorsichtig fuhr, rutschte ich mit dem Rad aus und fiel kopfüber in den Matsch: auch von diesem etwas tiefer gelegenen Blickwinkel konnte ich weit und breit keinen Jerry entdecken. Ziemlich entmutigt fuhr ich ins Hotel zurück, wo mein Schlammaufzug einiges Aufsehen erregte. Wer den Schaden hat, braucht für den Spott nicht zu sorgen. Solche Sprichwörter stimmen immer. In Windeseile war ich umgezogen. Wo konnte Jerry bloß stecken? Ich mußte ihn mit dem Auto weiter suchen. Noch bevor ich einsteigen konnte, kroch er darunter hervor, die Leine immer noch in der Schnauze, und schaute mich herausfordernd an. Wenn er reden könnte, hätte er mir wahrscheinlich folgenden Vortrag gehalten: ‚Da bist du ja endlich, du alter Langweiler! Ich wart' schon so lange auf dich. Heute kommen wir bestimmt zu spät zum Drehen, und der „Obermotz" wird sauer sein. Du glaubst doch nicht, daß der sein magisches Auge ausfallen läßt, nur wegen dem bißchen Regen. Weil ich das weiß, hab' ich auch alles drangesetzt, um aus dem Hotelzimmer rauszukommen. War gar nicht so einfach. Die nette Dame, die immer so lieb zu mir ist, kann ja nicht wissen, daß ich weg muß. Aber du weißt es! Also fahr' schon los, ich will endlich arbeiten.' Und schon war er im Auto verschwunden. Erleichtert setzte ich mich ans Steuer und fuhr zum Drehort, Jerry sollte sehen, daß da kein „Obermotz" mit seinem magischen Auge am Arbeiten war. Mein kluger Wuschelhund kapierte das schließlich und akzeptierte es, daß wir wieder ins Hotel zurückfuhren. Hätte der Dauerregen angehalten, wären wir gezwungen gewesen abzureisen; bei einen solchen Wetter ist das Hotelzimmer halt zu klein. Und auf die Dauer geht die Langeweile tatsächlich aufs Gemüt, auch ein Hund kann davon einen echten „Knacks" bekommen.

Gestörte Nachtruhe

Am nächsten Tag schien wieder die Sonne. Jerry war in Hochform und konnte es gar nicht erwarten, an den Drehort zu kommen.

Da sich die Drehtage verschoben hatten, gab es Schwierigkeiten mit der Hotelunterbringung. Jerry und ich konnten die letzten Tage nicht in unserem gewohnten Hotel bleiben, sondern mußten umziehen. Bei unserer Ankunft wurde mir ein Zettel überreicht: die Hoteldirektion wies darauf hin, daß abends ein Fest im Hotelgarten stattfinden würde. Sie bat vor allem die Gäste, deren Zimmer zum Garten lagen, wie unseres, um Verständnis für die eventuell entstehende Ruhestörung durch die Musik, versicherte jedoch, daß das Fest spätestens um elf Uhr zu Ende sei. Da ich gegen Feiern grundsätzlich nichts habe – Spaß gehört zum Leben, er ist die gewisse Würze, die uns vor der Langeweile bewahrt – nahm ich die Nachricht zur Kenntnis und warf den Zettel in den Papierkorb. Jerry – und somit auch mir – stand ein schwerer Drehtag bevor.

Um sechs Uhr mußten wir aufstehen und gingen deshalb um halb elf abends schlafen. Die Musik war gar nicht schlecht, und die halbe Stunde, die sie noch ertönen sollte, machte uns nichts aus. Es wurde elf Uhr, und bald war Mitternacht überschritten. Krampfhaft versuchte ich einzuschlafen, ohne Erfolg. Jerry ging es nicht viel besser. Die telefonische Auskunft des Portiers, daß jetzt gleich Schluß sein würde, bewahrheitete sich leider nicht, und ich war gezwungen, mich ernsthaft zu beschweren. Als auch dieses Mittel ohne Wirkung blieb – inzwischen war es nicht weniger als zwei Uhr morgens und meine Geduld am Ende – entschloß ich mich, radikal einzugreifen. Ich setzte Jerry auf den Balkon und befahl ihm, laut zu bellen und zu heulen, was er mit wachsender Begeisterung tat. Die Reaktion ließ nicht lange auf sich warten: aus allen Ecken des Hotels wurden Beschwerden laut. Am meisten freute mich die Entrüstung der Feiernden, diese Störung hatten sie echt verdient. Schließlich einigten wir uns, die Feier wurde nach innen verlegt und die Musik erheblich leiser gedreht. Trotz der strapazierten Nerven schliefen wir die dreieinhalb Stunden, die uns noch blieben, durch, und der nächste Drehtag verlief reibungslos.

Der Rabe Cocky

Wir hatten mehrere Tage hintereinander drehfrei und fuhren selbstverständlich sofort nach Meinholz. Der Anruf einer Filmfirma, die einen Raben suchte, interessierte mich sehr. Schön öfter bin ich nach trainierten Raben gefragt worden, und jedesmal mußte ich passen. Diesmal nahm ich die Gelegenheit wahr.

Von einem Bekannten wußte ich, daß ein kleiner Vogelpark einen zahmen Raben abgeben wollte. Bevor wir ihn kauften, bauten wir in einer Ecke des großen Gartens ein Gehege. Jerry schaute uns aufmerksam zu, seine Neugierde wuchs von Stunde zu Stunde und war erst gestillt, als ich mit Cocky – der Name fiel mir spontan ein, als ich den Raben sah – auf der Farm ankam. Cocky flog in seinem Gehege herum und setzte sich schließlich laut krächzend auf eine hoch angebrachte Stange. Jerry fing zu winseln und zu fiepen an, der Rabe wurde unruhig, er hatte panische Angst vor dem Hund. Auf mein Kommando legte sich

Jerry zirka fünfzehn Meter weit weg, er gab keinen Ton von sich, ließ Cocky jedoch nicht aus den Augen. Es fiel ihm sichtlich schwer, meinem Befehl zu gehorchen, aber er fügte sich. Auch der Rabe beobachtete Jerry ganz genau. Nachdem sich die beiden lange genug fixiert hatten, ließ ich Jerry in einen anderen Teil des Gartens; für die erste Kontaktaufnahme reichte das. Der Rabe hatte nun genügend Zeit, sich mit seinem Gehege und der neuen Umgebung vertraut zu machen. Sein ängstliches Verhalten Hunden gegenüber mußte ich ergründen und abbauen. Ich lege großen Wert darauf, daß alle Tiere, die hier auf der Farm leben, keine Angst voreinander haben und sich untereinander gut verstehen. Am nächsten Tag holte ich drei Hunde aus der Hundeschule und stellte sie Cocky vor. Von dieser Bekanntschaft wollte er nichts wissen; er geriet wieder in fürchterliche Panik. Auch bei anderen Hunderassen reagierte er ähnlich. Eines fiel mir jedoch auf, Cocky hatte vor schwarzen Hunden viel mehr Angst als vor Hunden mit hellem Fell. Wir waren jetzt sehr vorsichtig und paßten auf, daß die Hunde nicht zu nahe an das Rabengehege herankamen. Cocky sollte sich langsam an sie gewöhnen.

Daß mein Jerry andere Methoden entwickelte, um bei Cocky die Angst abzubauen, wunderte mich zwar nicht, aber daß er so schnell damit Erfolg hatte, machte mich sprachlos. Irgendwie war er aus dem Haus entwischt, und als ich aus der Futterküche kam, mit Wasser für den Raben, sah ich ein ungewöhnliches Bild: der sonst so ängstliche Cocky mit seiner panischen Angst vor Hunden, der vor ihnen immer gleich auf die oberste Stange seines Geheges flüchtete, stand direkt vor Jerry auf dem Boden, nur durch den Zaun aus Maschendraht getrennt. Hatte sich der Rabe so schnell an die Hunde gewöhnt, oder war es Jerrys unwiderstehlicher Charme? Als ich einen anderen Hund vor das Gehege ließ, bekam ich die Antwort: Cocky flog ängstlich auf die oberste Stange und protestierte krächzend gegen diese Annäherung. Dieser Hund war ihm nicht geheuer. Nun setzte sich Jerry wieder davor, und nach einer Weile kam Cocky doch tatsächlich herunter; zu Jerry hatte er Vertrauen. Warum ausgerechnet zu Jerry, weiß ich bis heute nicht. Daß dieser Charmeur zu Katzen, Pferden, Lamas, Hängebauchschweinen und zu Raubtieren ein gutes Verhältnis hat, war mir nicht neu, daß er aber plötzlich Sympathien für eine Tierart zeigte, die mit Säugetieren überhaupt nichts zu tun hat, war und ist mir schleierhaft. Weiter darüber nachzugrübeln, hat keinen Sinn. Es ist halt so, der Hund und der Rabe haben sich unheimlich schnell angefreundet. Cocky warf kleine Kieselsteine durch den Maschendraht, Jerry schlug mit der Pfote danach und spielte damit. Ab und zu steckte der Rabe auch seinen Schnabel durch den Draht, pickte liebevoll nach Jerry und erwischte dabei manchmal ein paar Haare. Jerry wich zurück und bellte den Raben an, aber niemals aggressiv.

Zwischendurch fuhren wir einige Tage in den Schwarzwald, um zu drehen, blieben aber nie lange von Meinholz weg. Nach ein paar Wochen war es soweit: wir öffneten Cockys Gehege, er sollte heraus- und hereinfliegen können, wie es ihm beliebte. Die Tür war auf, Cocky zögerte, flog von einer Stange zur anderen und einem plötzlichen Impuls nachgebend, schoß er aus dem Gehege heraus auf einen Apfelbaum zu. Dort ließ er sich nieder und sammelte sich, nichts entging seinen geschwinden, klugen Augen. Nachdem er aus der Höhe alles genau betrachtet hatte, wagte er sich auf einen Pferdepaddock hinunter und setzte sich auf einen Pfahl. Man konnte ihm ansehen, daß er sich wohl fühlte. Danach überflog er das ganze Grundstück wie bei einer Inspektion. Immer wieder flog er von einem Ende zum anderen, es kam ihm nicht in den Sinn, seine Schwingen für weitere Ausflüge zu spannen, ihn interessierte nur unser Reich. Sein Futter stand im Gehege, dadurch lernte er, diesen Ort als sein Zuhause anzusehen. Allmählich brach die Dämmerung herein, Cocky flog brav in seinen Käfig und setzte sich auf seinen Stammplatz. Als wir die Tür hinter ihm abschlossen, war ihm das ganz recht. Zufrieden bereitete er sich auf die Nacht vor.

Cocky hatte Fortschritte gemacht, seine panische Angst vor Hunden war zwar nicht mehr so groß, trotzdem fliegt er auch heute noch einen großen Bogen um sie herum – Jerry natürlich ausgenommen –, und schwarze Hunde sind ihm nach wie vor nicht geheuer. Eines Morgens, ich war gerade dabei, im oberen Bereich des Übungsgeländes einem Hund das Apportieren beizubringen, sah ich Jerry am Hundeübungsplatz herumschnüffeln. Er war so vertieft in seine Schnüffelei, daß er den Raben auf der anderthalb Meter hohen Kletterwand erst bemerkte, als dieser zu krächzen anfing. Jerry war entzückt, seinen gefiederten Freund zu sehen und forderte ihn zum Spielen auf. Er nahm die typische Haltung dafür ein, weit von sich gestreckte Vorderläufe und hochgestelltes Hinterteil mit Wedelschwanz. Was sollte ein Rabe von solchen Manieren halten? Damit konnte er bestimmt nichts anfangen. Ich täuschte mich gewaltig, Cocky nahm die Aufforderung zum Spiel an, verließ die Kletterwand und flog elegant über Jerrys Kopf hinweg. Das stachelte Jerry an, nach dem Raben zu schnappen. Natürlich hatte er nicht die geringste Chance, ihn zu erwischen, aber es machte ihm Spaß, und Jerry lief wie ein Wilder über den großen Übungsplatz. Cocky sauste immer wieder ganz nah an ihm vorbei oder knapp über ihn hinweg; der Rabe diktierte das Spiel. Als er genug hatte, setzte er sich wieder auf die Kletterwand, als sei nichts gewesen. Jerry legte sich erschöpft auf die Terrasse in den Schatten und schlief sofort ein. Meine Unterrichtsstunde war vorbei, aber nun wollte ich die beiden weiter beobachten. Ich suchte mir ein ruhiges Plätzchen und wartete ab. Nach kurzer Zeit flog Cocky auf die Terrassenmauer, blieb dort sitzen und schaute gnädig auf den schlafenden Jerry. Wahrscheinlich paßte es ihm nicht, daß der so müde war, denn plötzlich machte er einen Satz nach unten, rupfte den Hund am Schwanz und flog blitzschnell auf die Mauer zurück. Jerry jaulte auf und rappelte sich hoch, und als er Cokky auf der Mauer sah, schimpfte er richtig mit ihm. Der Rabe kümmerte sich gar nicht darum, beschwingt flog er zu einer Pfütze und nahm ein ausgiebiges Bad. Seiner Wirkung sicher, schüttelte er nach diesem Badevergnügen sein Gefieder kräftig durch; er wußte, daß Jerry ihm dabei zusah und wartete gelassen auf eine Reaktion. Bald hielt es Jerry nicht mehr aus, er näherte sich der Pfütze und trank daraus. Beide saßen sich nun gegenüber, Kopf an Kopf. Nachdem Jerrys Durst gelöscht war, legte er sich hin und streckte alle Viere von sich. Er schlief nicht wieder ein, sondern schaute dem Raben bei seiner gründlichen Putzerei interessiert zu. Die Freundschaft war endgültig besiegelt.

Im Zusammenleben der Raben spielt der Bindungstrieb eine besonders wichtige Rolle. Bei den Kolkraben – zu denen Cocky gehört – erwacht dieser Trieb im Alter von einem Jahr. Cokky war damals eineinhalb Jahre alt, und da es auf der Farm keinen Artgenossen gab, ist seine Wahl auf Jerry gefallen. Bei Jerry muß es wohl wieder

105

diese verflixte Liebe gewesen sein, denn wo sie hinfällt ... na ja, das wissen wir bereits. Nun war ich sehr neugierig, wie weit Cockys Bindungstrieb bei Jerry ging. Von meinen Studien wußte ich, daß Raben, wie Dohlen und Krähen, in gewissen Situationen nach einem „Freundbefreiungsprinzip" handeln. Ich habe schon oft gelesen, daß Raben Menschen, die dunkle Gegenstände bei sich haben, anfliegen. Die Raben glauben, daß diese Menschen einen ihrer Artgenossen bei sich tragen und gefangenhalten. Instinktiv fliegen sie dann die Menschen an, um festzustellen, ob es sich tatsächlich um einen ihrer Kumpane handelt. Der bekannte Gruselspezialist Alfred Hitchcock hat dieses Phänomen übrigens geschickt genutzt: in seinem Film „Die Vögel" griffen Raben spazierengehende Frauen an. Sie hielten, für den Zuschauer nicht sichtbar, einen anderen Raben in der Hand. Die Kolkraben verfügen außerdem über einen besonders hohen Verstand, genau wie die Menschenaffen haben sie die Fähigkeit vorauszudenken. Das alles wollte ich überprüfen und unternahm folgendes Experiment:

Jerry wurde mit einer Schnur an einem Baum im Garten angebunden, das andere Ende der

Schnur befestigte ich in zirka dreißig Zentimeter Höhe an einem anderem Baum, so daß der Rabe bequem herankommen konnte. Mit Futter lockte ich Cocky zu Jerry in den Garten, dann ließ ich die beiden allein. Da sie sich unbeobachtet fühlen sollten, nahm ich ein Fernrohr und konnte so das Geschehen aus größter Entfernung eingehend verfolgen. Jerry saß angespannt da und schaute in die Richtung, in die ich verschwunden war. Cocky flog auf einen Baum ganz in der Nähe, von dort aus hatte er Jerry und die Umgebung gut im Blick. Nach einer Weile wurde es Jerry langweilig, er lief hin und her, soweit es ihm die Schnur gestattete, dann fing er an, mit den Pfoten zu scharren und dazu zu winseln. Bald darauf bellte er, beruhigte sich aber wieder. Nach etwa zwanzig Minuten gab der Rabe seinen Aussichtsplatz auf, flog zu Jerry, setzte sich direkt vor ihn hin und schaute ihn aufmerksam an. Durch das Fernrohr konnte ich die Blickrichtungen des Vogels genau erkennen. Das Augenspiel und das Drehen des Kopfes verrieten, daß der Rabe angestrengt nachdachte. Es dauerte noch zwei Minuten, dann handelte Cocky: energisch zog er an der Schnur, die zwischen Jerry und dem Baum hing. Als er merkte, daß das zu keinem Resultat führte, hörte er damit auf und fing wieder an zu denken. Jerry schaute währenddessen in meine Richtung, obwohl er mich nicht sehen konnte. Jetzt hatte Cocky die Lösung gefunden, er hüpfte zu dem Baum, an dem die Schnur befestigt war, pickte und zerrte mit seinem Schnabel an dem Knoten herum. Drei Minuten – nicht länger hat er gebraucht, um diesen relativ komplizierten Knoten aufzubekommen. Jerry war frei und lief sofort zu mir, Cocky folgte ihm im tiefen Segelflug.

Freundschaft zwischen Hunden und Vögeln ist keine Seltenheit. Wenn ein Hund zum Beispiel mit Wellensittichen aufwächst, ist er zu diesen kleinen Vögeln auch lieb, und sie werden ihm vertraut. Diese Vertrautheit hat aber nichts mit der Bindung zwischen Cocky und Jerry zu tun. Für mich war es spannender als ein Kinofilm, Cockys Verhaltensweisen zu beobachten. Es ist einfach unglaublich, daß der Bindungstrieb zu Jerry so stark ist, daß er bei dem Raben sogar Instinkthandlungen auslöst. Das hat aber nur Jerry geschafft, er ist der einzige Hund, der Cockys Herz erobert hat.

Auf Leben und Tod

Jerry bekam inzwischen auch Angebote von anderen Filmfirmen. Die Dreharbeiten eines amerikanischen Films, die in Hamburg stattfanden, lagen zeitlich besonders günstig, und wir sagten zu. Wenn ich geahnt hätte, welche Folgen das haben würde, hätte ich das Angebot niemals angenommen. Aber wahrscheinlich kann man seiner Bestimmung sowieso nicht entgehen. Es kam, wie es kommen mußte.

Jerry spielte den Lebensgefährten eines alten Mannes und war überzeugend. Nach Drehschluß bemerkten wir erst, wie „überdreht" und übermüdet wir waren, es wäre unvorsichtig gewesen, in diesem Zustand mit dem Auto nach Meinholz zurückzufahren. Wir gingen ins Hotel und stärkten uns erstmal. Vor dem Schlafengehen, gegen zehn Uhr abends, mußten wir noch einmal Luft schnappen und machten einen Spaziergang an der Alster, wo es so schöne Wiesen zum Toben gibt. Der Park war menschenleer, nur ab und zu kam uns ein Spaziergänger mit seinem Hund entgegen. Ich pfiff Jerry dann sofort zurück, und er gehorchte brav. Noch ziemlich weit von uns entfernt, bemerkte ich ein eigenartiges Gespann, es kam uns entgegen: eine untersetzte menschliche Gestalt und ein wild herumtobender großer Hund, der nicht viel vom Wort seines Herrn halten konnte, denn er hörte nicht besonders gut darauf. Hunde, die schlecht gehorchen, können zu einer Gefahr für die Umwelt werden, deshalb rief ich Jerry zu mir. Bereitwillig kam er angelaufen. Fast im gleichen Moment stürmte der riesige Hund – es war ein Rottweiler – auf uns zu, stürzte sich auf Jerry und hatte ihn, noch bevor ich reagieren konnte, schon am Genick erwischt. Auch wenn ich es geschafft hätte, Jerry auf den Arm zu nehmen, wäre der Rottweiler mit Sicherheit an mir hochgesprungen. Ein so spontaner Angriff ohne Vorwarnung ist keineswegs normal, dieses Tier mußte stark verhaltensgestört sein. Der untersetzte Hundebesitzer kam keuchend angelaufen und versuchte mit Schreien und Schlagen seinen wilden Hund zur Vernunft zu bringen. Vergeblich! Der Rottweiler kam zweifellos in Ekstase und verbiß sich immer mehr in Jerry. Zum Glück hatte er ein Halsband um, im richtigen Moment bekam ich es zu fassen und drehte es mit aller Kraft herum. Jetzt blieb dem Hund die Luft weg. Um atmen zu können, mußte er seine Schnauze öffnen und Jerry fallen lassen. Mit dem rechten Fuß schubste ich Jerry von dem Riesenhund weg, dabei lockerte sich mein Griff etwas. Der Rottweiler nahm die Gelegenheit sofort wahr und schnappte nach meinem Oberschenkel, dem Biß konnte ich nur dadurch entgehen, daß ich meinen Arm weit vom Körper abspreizte. Nach langem Hin und Her gelang es uns endlich, den wütenden Hund festzuhalten und anzuleinen. Jerry rührte sich nicht mehr, er lag wie tot am Boden. Fürchterliche Gedanken schossen mir durch den Kopf: der Rottweiler hatte Jerry ständig hin- und hergeschüttelt, dabei kann es leicht zu einem Genickbruch kommen. Ich kniete neben meinem leblosen Hund, von den zärtlichen Worten, die ich ihm zuflüsterte, versprach ich mir ein Wunder. Ganz langsam hob er den Kopf und brachte ein paar Fieptöne hervor. Er lebte! Während ich mich um Jerry kümmerte, machte sich der Mann mit dem Rottweiler unbemerkt aus dem Staub. Völlig allein saß ich mit meinem schwerverletzten Hund im dunklen Park. Um festzustellen, welche Verletzungen er hatte, mußte ich etwas sehen, behutsam trug ich meinen Kleinen unter eine Laterne: das lange Zottelhaar im Nacken war blutverschmiert. Nachdem ich es vorsichtig beiseitegeschoben hatte, entdeckte ich eine fast sechs Zentimeter lange Wunde, aus der Blut sickerte. Ich zog meine neugekaufte Jacke aus, legte Jerry hinein und rannte, so schnell es Jerrys Zustand zuließ, auf die Straße. Ein Auto nach dem anderen fuhr an uns vorbei, mein verzweifeltes Winken schien keinen zu interessieren. Der Taxifahrer, der hielt, betrachtete mißtrauisch den blutenden Hund und meine blutverschmierte Kleidung; er weigerte sich, uns zum Tierarzt zu fahren. Ich hätte ihn wegen unterlassener Hilfeleistung anzeigen sollen, aber in meiner Aufregung hatte ich vergessen, das Autokennzeichen zu notieren. Das Hotel war nicht mehr weit weg, ich beeilte mich, in die Tiefgarage zu meinem Auto zu kommen und fuhr zur nächsten Telefonzelle. Jetzt wußte ich, welcher Tierarzt Notdienst hatte. Wie besessen raste ich durch Hamburgs Straßen – ungefähr kannte ich mich aus. Jerry bewegte sich; jedesmal wenn er den Kopf etwas hob, schrie er vor Schmerz laut auf. Ich drückte mehr aufs Gaspedal. Dann ging alles sehr schnell, ein Polizeiauto mit Blaulicht tauchte hinter mir auf, ich verlangsamte das Tempo und fuhr etwas rechts heran, um den Wagen vorbeizulassen. Beim Überholen zeigten mir die Polizisten die rote Kelle. Ich war gezwungen anzuhalten. Mit barschen Worten wurde ich zurechtgewiesen: „Sie sind wohl verrückt geworden, mit so einer Geschwindigkeit durch die Stadt zu rasen!" Als der Polizist mein tränenüberströmtes Gesicht sah und einen Blick auf den immer noch blutenden Jerry geworfen hatte, begriff er sofort. Er wollte keine langen Erklärungen, nur die Adresse vom Tierarzt haben. Sein kurzes aber freundliches „Fahren Sie hinter uns her" machte mich sprachlos, und anfangs hatte ich Mühe, dem blaulichtblinkenden Polizeiauto nachzukommen. Beim Tierarzt angelangt, lief der eine Beamte voraus und klingelte, der andere half mir, den verletzten Jerry aus dem Wagen zu holen und ins Haus zu bringen. Der Tierarzt kümmerte sich sofort um ihn. In meiner Verwirrung bemerkte ich nicht, daß sich die beiden hilfsbereiten Polizeibeamten verabschiedeten und wegfuhren. Ich sah nur meinen Wuschelhund und die Hände des Tierarztes, die die Wunde freilegten, sie säuberten und zunähten. Da der Tierarzt nicht wußte, ob sich Jerry auch noch

113

innere Verletzungen zugezogen hatte, konnte er mir nicht einmal garantieren, daß er durchkommen würden. Er bekam mehrere Spritzen – und ich weiche Knie; die Angst und die Aufregung machten sich bemerkbar. Nachdem wir Jerrys Fell vom Blut gereinigt hatten, bestellten wir ein Taxi für Hunde, ich fühlte mich nicht mehr in der Lage, selbst zu fahren. Die halbe Nacht saß ich neben Jerry und hörte auf jeden Atemzug. Dann bin ich vor Erschöpfung eingeschlafen. Am nächsten Morgen ging es Jerry besser. Bei der Nachuntersuchung stellte der Tierarzt nichts Lebensbedrohendes fest, Jerry hatte noch einmal Glück gehabt, bald würde er wieder wohlauf sein. Bevor wir nach Meinholz zurückfuhren, versuchte ich, die beiden netten Polizeibeamten ausfindig zu machen, leider ist mir das nicht gelungen. Da es sein kann, daß einer der beiden Herren, oder auch beide, dieses Buch lesen und sich vielleicht an den Zwischenfall erinnern, möchte ich mich hiermit ganz herzlich bedanken.

An dieser Stelle möchte ich auch auf den Rottweiler zurückkommen, ich bin diesem Hund, der Jerry so zugerichtet hat, keineswegs böse. Er kann nichts dafür, daß er verhaltensgestört ist. Es ist immer der Mensch, der den Hund durch falsche Behandlung oder durch Überzüchtung zu einer Bestie werden läßt. Bei so großen Hunden ist zum Beispiel eine Ausbildung unbedingt empfehlenswert, wenn nicht sogar notwendig. Auch auf die Gefahr hin, daß ich mich wiederhole, weise ich noch einmal darauf hin, daß der regelmäßige Auslauf, egal bei welchem Wetter, unerläßlich ist. Durch viel Bewegung wird das Aggressionsverhalten am besten abgebaut, Unterdrückung und Schläge fördern es erheblich. Und noch etwas, jeder Hundebesitzer sollte vermeiden, bei einer Rauferei mit der Hand dazwischen zu gehen. Das ist eigentlich das gefährlichste, denn Hunde, die sich so verbeißen, geraten dabei in Ekstase, sie werden wild und erkennen nicht mehr, wonach sie schnappen. Durch den täglichen Umgang mit Raubtieren und Hunden habe ich viel Erfahrung gesammelt und konnte es wagen, mit einem geübten Griff das Halsband des Rottweilers zu packen – wehe, ich hätte es nicht erwischt! Mein Jerry wäre heute wahrscheinlich nicht mehr am Leben.

Cockys Zuneigung und Freundschaft halfen Jerry schnell über den „Rottweiler-Schock" hinweg. Außerdem waren noch die Katzen, die Hängebauchschweine und die anderen Freunde um ihn herum. Jerry fühlte sich gut aufgehoben und umsorgt. Dieses Gefühl der Geborgenheit läßt Wunden schneller heilen, ehe man sich versieht, sind sie vernarbt. Wachsen dann auch noch die Haare drüber, gehört so ein Erlebnis bald der Vergangenheit an.

Faulenzen will gelernt sein

Die Dreharbeiten für die Serie *Schwarzwald-klinik* gingen dem Ende zu. Jerry hatte sich hervorragend eingearbeitet und es sogar geschafft, einen Sonderstatus einzunehmen. Das ist gar nicht so einfach, und es freut mich, daß es allein sein Verdienst war; ich habe ihm nicht dazu verholfen. Wie er es angestellt hat, so viel Sympathie auszulösen, ist und bleibt sein Geheimnis, und wenn ich sage, daß Jerry von Beruf Schauspieler ist, meine ich das ernst. Er hat tatsächlich ein Bewußtsein für die Kamera entwickelt, und für einen Hund ist das schon erstaunlich. Natürlich hängt es auch damit zusammen, daß Jerry bei mir lebt, täglich mit mir zusammen ist und nach den Dreharbeiten nicht in irgendein Tierheim gesteckt wird, wie es so manchem anderen Hund bei anderen deutschen Produktionen geht. Daß das oft so ist, erfuhr ich von unserem Filmteam. Als ich auf die besorgte Frage, wo Jerry denn nach den Dreharbeiten hinkäme, empört antwortete: „Er bleibt natürlich bei mir!", sah ich in strahlende Gesichter, wurde aber aufgeklärt, daß das gar nicht so natürlich sei. Meistens werden die Tiere von unqualifizierten Menschen trainiert – die Filmproduktionen wollen meistens Geld sparen –, und nach getaner Arbeit, während der die armen Geschöpfe liebkost werden, damit sie tun, was man von ihnen verlangt, will sie keiner mehr sehen. Brutal schiebt man sie in ein Tierheim ab – der Mohr hat seine Schuldigkeit getan, der Mohr kann gehen. Daß solche Kreaturen dann mit Verhaltensstörungen und Beißen reagieren, ist wirklich nicht verwunderlich. Wenn man mit mir so umginge, würde ich für nichts garantieren. Wie können Menschen nur so verantwortungslos und grausam sein? Bei unserem Filmteam ruft ein solches Verhalten sofort Protest hervor, und aus diesem Grund fühlen sich Jerry und ich bei ihm so wohl. Der Abschied war liebevoll und herzlich.

Nun fing eine Phase der Umstellung an: Jerry mußte sich langsam daran gewöhnen, nicht mehr im Mittelpunkt zu stehen. Das große Interesse, daß ihm von den Filmleuten monatelang entgegengebracht wurde, durfte nicht abrupt abbrechen. Ein zu schneller Wechsel kann unter

Umständen schwere psychische Störungen hervorrufen. Da wir mit all den Tieren auf der Farm sehr viel Arbeit haben, blieb uns nicht genügend Zeit, uns ausschließlich um Jerry zu kümmern. Mit Hilfe meines Freundes- und Bekanntenkreises richtete ich deshalb eine regelrechte „Jerry-Beschäftigungs-Zentrale" ein. Zu festgesetzten Zeiten erschienen täglich Leute und Kinder, die mit ihm spazierengingen, ihn streichelten und mit ihm spielten. Selbstverständlich war ich jede freie Minute bei ihm. Durch die Dreharbeiten, die ihn körperlich und geistig voll beansprucht hatten, waren seine Lernfreudigkeit und seine Auffassungsgabe erheblich gesteigert worden; er brauchte ein gewisses Tagespensum an Übungen, sonst war er nicht ausgelastet. Das mußten wir nach und nach reduzieren. Anfangs trainierte ich jeden Morgen und jeden Abend mit ihm. So ein Training sieht folgendermaßen aus: auf Handzeichen hin- und herlaufen, sich setzen, stehenbleiben, sich wieder setzen, sich hinlegen, ein Stöckchen holen, in den Arm springen, bellen, winseln etc. Mit der Zeit fand das Training nur noch abends statt, später dann viermal in der Woche und schließlich zweimal. Ganz allmählich fand Jerry in sein normales Leben und in seinen

Alltagstrott zurück. Dazu gehören täglich mindestens zwei Stunden Auslauf und zweimal in der Woche etwa fünfzehn bis zwanzig Minuten Training. Wenn Dreharbeiten bevorstehen, werden die Übungen langsam wieder erhöht, so kommt es zu keiner Überforderung. Genau wie ein Körpermuskel kann auch der Geist eines Tieres auf Leistung trainiert werden. Wichtig ist nur, daß dieses Training ganz langsam gesteigert und ebenso langsam wieder reduziert wird. Ein Sportlerherz ist der beste Vergleich: nach jahrelanger Höchstleistung darf ein Sportler nicht abrupt mit dem Training aufhören, wenn er das tut, muß er mit großen gesundheitlichen Schäden rechnen; sein Herz verkraftet das nicht.

Jerry ging es nicht anders, er mußte das Faulenzen regelrecht lernen. Da er ein gelehriger Schüler ist, fiel ihm auch das nicht besonders schwer. Bald hatte er sich auf den Müßiggang eingestellt und genoß das freie Leben.

Väterliche Gefühle

Auf unserer Farm kann man sich überhaupt nicht langweilen, bei so vielen Tieren ist immer etwas los, und ständig gibt es aufregende Neuigkeiten. Ein Ereignis war besonders spannend. Jerrys Blut geriet dabei richtig in Wallung: Eines Morgens fing Jerry zu fiepen, zu winseln und zu kratzen an. Bei solchen Geräuschen wacht man auf, und da er keine Ruhe gab, war an Weiterschlafen nicht zu denken. Ich schaute auf den Wecker, drei Uhr vierzig; etwas früh, um aus den warmen Federn zu steigen. Meine Bemühungen, Jerry zu beruhigen, waren vergeblich, aufgeregt lief er im Zimmer hin und her, bis ich endlich aufstand, meinen Bademantel anzog und ihn hinausließ. Wie von der Tarantel gestochen. preschte er durch die Küche, den langen Flur entlang und blieb winselnd vor der verschlossenen Haustür stehen; mit seinen Pfoten versuchte er, sie zu öffnen. Sollten wir etwa ungebetenen Besuch bekommen? Vorsichtshalber ließ ich Bingo, unseren Münsterländer Wachhund, der so ausgebildet ist, daß er bei Eindringlingen aggressiv wird, aus dem Nebenzimmer. Jerrys Verhalten steckte Bingo an. Kaum hatte ich die Tür geöffnet, raste er wie besessen über den Hof und verschwand im dunklen Teil des Gartens. Jerry sauste hinterher, schlug dann aber nicht den Weg zum Garten ein, sondern lief zielbewußt auf das Raubtierhaus zu, wo die Bären, die Löwen und Tiger untergebracht sind. Unentschlossen stand ich da. Wem sollte ich folgen? Nach kurzer Überlegung entschied ich mich für Bingo, der den Eindringlingen sicher schon auf der Spur war. Jerry kann man bei solchen Sachen weniger trauen, er ist zu allen Menschen freundlich. Als ich den großen Garten mit der Taschenlampe ableuchtete, sah ich Bingo schon schwanzwedelnd auf mich zukommen; Jerry hatte Fehlalarm geschlagen. Aber etwas mußte ihn doch geweckt und in diesen aufgeregten Zustand versetzt haben. Er lief immer noch vor der Raubtieranlage hin und her und wollte unbedingt hinein. Da die Eingangsschleuse bestens abgesichert ist, gelang ihm das natürlich nicht. Jetzt wollte ich der Sache auf den Grund gehen, ich betrat die Anlage, machte Licht und sah mich um. Jerry winselte herzergreifend vor der Tür; das hatte er noch nie getan. Mir fiel nichts Ungewöhnliches auf, und ich wollte das Licht schon wieder ausmachen, da hörte ich aus dem Bärengehege, in dem die tragende Bärin Natascha war, ein hohes fast nicht wahrnehmbares Piepsen. Blitzartig wußte ich, was los war, Natascha hatte ihre Jungen geboren. Was sie jetzt brauchte, war warme Milch. Ich lief ins Haus zurück, setzte drei Liter Milch auf, schlug zehn Eier hinein und wartete, bis die Milch warm wurde. Vom Küchenfenster aus konnte ich Jerry gut beobachten, er saß vor der Eingangsschleuse und bewachte sie. Als Bingo sich näherte, zeigte Jerry ihm die Zähne und knurrte. Er verteidigte die Raubtieranlage, und Bingo akzeptierte diese Haltung; er nahm Jerry ernst. Der Münsterländer machte einen großen Bogen, er wollte sich mit dem kleinen Hund, mit dem er sich sonst hervorragend verstand, nicht anlegen. Drei Meter vor Jerry blieb er sitzten, und Jerry paßte auf, daß er diese Entfernung einhielt. Mit dem kraftspendenden Milchgetränk begab ich mich wieder in die Raubtieranlage. Natascha nahm es spontan an, was keineswegs selbstverständlich war. Während sie sich daran labte, konnte ich in das riesige Strohnest hineinschauen: zwei kleine neugeborene Bärenbabys bewegten sich, eines fiepte plötzlich in den höchsten Tönen los. Sofort ließ Natascha die Milch stehen und kümmerte sich um ihr Kleines. Der Geburtsvorgang war abgeschlossen, Komplikationen konnte es keine mehr geben, und da die Bärin grenzenloses Vertrauen zu mir hat, wagte ich es, Jerry angeleint mithineinzunehmen. Es drängte ihn regelrecht zu den Bärenbabys, seine kleinen Pfoten konnten gar nicht schnell genug vor dem Käfig hin- und hertrippeln – er hielt dabei immer eine entfernung von einem halben Meter ein. Dann stellte er sich auf die Hinterbeine und versuchte, über das Riesenstrohnest zu den Bären hineinzusehen. Das ging Natascha doch zu weit, sie pustete Jerry einmal kurz an, vor Schreck machte er einen Satz zurück, ließ die Bärin aber nicht aus den Augen. Wenn die Bärenbabys hohe Töne von sich gaben, bewegte er seine kleinen Ohren auf und ab. Länger konnte ich Natascha diesen Hundebesuch nicht zumuten, sich brauchte ihre Ruhe. Nur ungern verließ Jerry die Anlage; er wollte weder im Garten herumlaufen, noch ins Haus kommen. Er hatte nur eines im Sinn, die Bärenbabys zu bewachen und sich so nahe wie möglich bei ihnen aufzuhalten. Wieder wollte Bingo etwas näher kommen, aber Jerry wehrte ihn erfolgreich ab. Er fletschte die Zähne so, als wollte er sagen: „Bis hierher und nicht weiter!" Daß sich Bingo, der Jerry größen- und kräftemäßig weit überlegen ist, das gefallen ließ, zeigt, wie entschlossen mein Kleiner handelte. Inzwischen war es sechs Uhr morgens, ein leichter Regen setzte ein, aber auch dieser konnte Jerry nicht umstimmen; fest entschlossen blieb er vor der Raubtieranlage liegen. Allmählich erwachte die Tierfarm: Ken, der Löwe, setzte zum Morgengebrüll an, George, der Tiger, ließ ebenfalls seine Stimme ertönen, Carla, die Rottweilerhündin, bellte und verschiedene andere Hunde stimmten in dieses Gebell mit ein. Da Jerry den Eingang zum Raubtierhaus blockierte und niemanden außer mir hereinlassen wollte, störte er unseren Tagesablauf erheblich. Ich nahm ihn unter den Arm und brachte ihn ins Haus. Glücklich war er darüber nicht, immer wieder lief er zur Tür und wollte hinaus. Nach einiger Zeit gab er auf, rollte sich in seinem Fernsehsessel zusammen und meditierte wahrscheinlich über „seine" Bärenbabys. In der Nacht hatte er offensichtlich die hohen Frequenztöne der Neugeborenen wahrgenommen, und obwohl es sich um eine völlig andere Tierart handelt, haben diese Töne väterliche Gefühle bei ihm geweckt. Das beweist, daß er noch über ausgeprägte Urinstinkte verfügt. Außerdem ist er mit den Raubkatzen und den Bären gewissermaßen aufgewachsen, und das Verhältnis zu Natascha hat er schon immer besonders gut gepflegt. Der Sicherheitsabstand, den er zu diesen Tieren einhält, ist nicht antrainiert, sondern ganz instinktiv. Bei seinem jetzigen Vaterkomplex nahm ich mir jedoch vor, besonders auf der Hut zu sein. Das wäre gar nicht nötig gewesen, denn Jerry hat es allein gepackt, seine Gefühle wieder in den Griff zu bekommen.

Ein Abend fast wie jeder andere

Und dann kam der 22. Oktober 1985, der Tag an dem die *Schwarzwaldklinik* anlief. Jerry und ich machten es uns bequem, er natürlich im neuen und ich im schiefen, alten Fernsehsessel. Jerry war an der Sendung nicht besonders interessiert, er riskierte nur ab und zu ein Auge. Als er selbst auf dem Bildschirm zu sehen war und sein Gebell deutlich den Raum füllte, sprang er auf und suchte das ganze Zimmer ab. Der Fernsehapparat war ihm nicht geheuer, er verstand nicht, daß aus diesem Kasten, der nach überhaupt nichts riecht, Hundebellen kam. ‚Wo, verflixt noch mal, hat sich dieser Vierbeiner bloß versteckt? In dieser Flimmerkiste, die einem lauter Bilder vorgaukelt und die reinste Fata Morgana ist, kann doch kein Hund sein.‘ Aber im Zimmer war er auch nicht, das hatte Jerry bis in die kleinste Ecke abgeschnuppert. ‚Irgend etwas ist faul an dieser Sache. Am besten, man hält sich da raus und läßt das Grübeln sein.‘ Mit einem Satz sprang Jerry wieder in den Sessel und schlief fest ein. Während ich meinen Wuschelhund im Fernsehen betrachtete und ihn gleichzeitig glücklich und gelöst neben mir schlafen sah, mußte ich an all die Schwierigkeiten und Krisen denken, die wir durchgemacht haben: nie werde ich diesen traurig-resignierten Blick vergessen, mit dem er mich das erste Mal ansah und sich dabei ängstlich und verzagt an die Gitterstäbe des Zwingers drückte. Damals habe ich mich als Mensch ziemlich geniert. Das einzig Richtige war, daß ich ihn aus dem Tierheim herausgeholt und nach Hause gebracht habe. Wenn es auch nicht immer leicht war, hat sich das behutsame Aneinanderherantasten, das langsame Aufbauen des Vertrauens und der Freundschaft und vor allem das Nichtaufgeben wirklich gelohnt. Heute ist Jerry nicht mehr „vogelfrei", er ist ein selbstsicherer Hund, der weiß, wohin er gehört, und er macht mich mit seiner lieben, lustigen Art jeden Tag glücklich. Ich bin sehr froh, daß ich nicht auf die Leute gehört habe, die mir rieten, Jerry wieder wegzugeben. Gemeinsam haben wir es geschafft, seine Hundeseele ins Gleichgewicht zu bringen. Das war nur mit sehr viel Geduld und hauptsächlich mit Liebe möglich. Jerry ist der beste Beweis dafür, daß ich mit meiner Methode „Lernen durch Loben, nicht durch Strafen" auf dem richtigen Weg bin. Aber das allein genügt nicht; um eine tiefe und haltbare Bindung zwischen Mensch und Tier zu schaffen, muß erst einmal ein gesunder Nährboden vorhanden sein, und dieser Nährboden ist die Liebe: „Liebe ist Trumpf, und Trumpf sticht."

Jerrys Pflege und Verköstigung

Da sich viele Leute dafür interessieren, wie Jerrys Pflege und Speiseplan aussehen, möchte ich dieses Thema nicht vernachlässigen. Alle sechs Monate bringe ich ihn zum Tierarzt: zu der gründlichen Untersuchung, die vorgenommen wird, gehört auch eine Überprüfung des Blutes, durch die man eventuell entstehende Krankheitsbilder frühzeitig erkennen kann. Zweimal im Jahr wird er entwurmt und bekommt regelmäßig die nötigen Impfungen. An die Körperpflege – Bürsten, Kämmen, Augenreinigen etc. – hat Jerry sich schnell gewöhnt, er nimmt sie ganz selbstverständlich hin. Natürlich bekommen alle Tiere auf der Farm eine fachliche Pflege und Versorgung; mein Betrieb ist zur Zeit noch als einziger seiner Art für die Lehrlingsausbildung zugelassen.

Nun zum Speiseplan: Montag ist Schontag, da gibt es nichts, außer sechs Hundekuchen. Dienstag ist Reistag mit gekochtem Fleisch, manchmal wird der Reis auch durch Fertigfutter ersetzt. Mittwochs bekommt Jerry frischen Pansen oder frisches Fleisch, nur vom Rind. Donnerstags gibt es dann wieder Fertigfutter mit Obst, Gemüse oder gekochtem Fleisch, freitags mit Fisch – natürlich grätenfrei – samstags mit Milch und sonntags mit Rinderherz. Zusätzlich wird Jerry regelmäßig mit Mineralstoffen, Spurenelementen und Vitamintabletten versorgt. Aus Hundeschokolade macht er sich überhaupt nichts, nur ab und zu frißt er einige Stücke ganz langsam auf. Sein einziges Laster ist und bleibt das Wiener Schnitzel, und davon bekommt er als Belohnung nur ein kleines Häppchen.